我が家のおせち【決定版】

有元葉子

東京書籍

はじめに

世の中では暑い夏の最中から〝おせち商戦〟が始まるのがこの頃の傾向です。我が家にはとんとご縁がないなあ、などと思いつつ夏の盛りを過ごし、我が家でおせちのことを考え出すのはようやく11月に入ってから。

どこに何を注文するかはもう決まっているので、迷うことはありません。年に1回家族が集まってみんなでおせち作りをする習慣は、30年か、もっとそれ以上かもしれませんので、発注する物も発注先も自然の流れで決まってきました。暮れの28日頃からおせち作りのために家族が集まってくるので、それまでに段取りを決め、材料をすべて手配しておくのが私の役目です。発注先に、今年もまたよろしくお願い致します、というご挨拶をさせていただくとともに、今年もまた無事におせち作りができることに幸せを感じます。

早めに下ごしらえしておけるものは、12月に入ったら手の空いているときに暇をみては作っておきます。最近では男の子たちもおせち作りに積極的に参加してくるので心強く、おせち作りがますます楽しくなりました。女性が作り、男性が食べるといった紋切り形の習慣は今や我が家にはありません。

以前は4日はかかっていたおせち作りですが、今では余裕で3日で完了。大晦日の前日には各自の家に持ち帰り、大晦日はそれぞれが済ませることを済ませ、お正月のおせち料理は各自の家で楽しみます。ひと昔前は大晦日までみんなでバタバタしていたことを思うと、今の静かな進行ぶりは夢のようです。毎年やってきたから皆が慣れてきたのですね。それぞれの持ち場が自然に決まってきて黙っていても静かに進行するようになりました。

おせち作りを毎年やっていると、まず海の変化がよくわかります。鮭がとれない、イクラが、かにが、数の子が……と、年を追うごとに海産物が手に入れにくくなったり、とんでもない高値になったりと、困難に遭遇するのはここ4、5年は特に顕著です。それも年を追うごとにより難しくなってきています。海のものはまず真っ先に環境の影響を受けますが、次は陸のものの番だな、と感じています。昆布やかつお節、そして米、大切な日本の味の根幹にあるものは大丈夫なのか、もう少しあとにはどういうことになるのだろうと危惧せざるを得ません。それも人間の自業自得、人は責任を取らなくては、とおせち作りをしつつ、いろいろなことを考えさせられる昨今です。

それでも、自分で入手できる最上のものを準備して、家族でおせちを作る。手作りのおせちは本職の職人さんのように手際よくはできません。ですが、皆で手作りできること、これこそが何より幸せなこと。これが少しでも長く続けられますように、と心から祈っています。

有元葉子

目次

おせちコーディネート

お雑煮とお餅

おせちで甘味

おせちのあとのお楽しみ

＊計量単位は1カップ＝200㎖、大さじ1＝15㎖、小さじ1＝5㎖、1合＝180㎖です。
＊ガスコンロの火加減は特にことわりのない場合は中火です。
＊オーブンの焼き時間は目安です。機種によって多少差があるので、様子を見ながら加減してください。
＊オリーブオイルはエキストラバージンオリーブオイルを使います。
＊メープルシロップはカナダ・ケベック産のゴールデン（デリケートテイスト）を使います。好みで、砂糖やみりんを使用しても構いません。

我が家の定番おせち25

うちのおせちには、「岩石卵」や「如意巻き」のように、お正月にしか作らない特別な料理もありますが、「しめさば」や「紅白なます」「たたきごぼう」など、普段のおかずや酒の肴として作るものもたくさんあります。3日間同じものを食べるスタイルだった時代とは異なり、今はおせちに日持ちを求めることはなく、保存のために濃い味つけ、甘い味つけにする必要はありません。だから、一番に考えたいのはおいしさです。

毎年作るおせちは25品。作り続けている間に多少の入れ替わりがあったり、レシピが変化していったものもありますが、いずれも家族みんなが好きなものばかり。そして、師走の声を聞くと食材の調達に動きはじめ、20日過ぎたら仕込みはじめ、28日、29日、30日の3日間ですべての料理を仕上げます。大晦日は余裕をもって過ごし、年越しそばを楽しむばかり。

タイムスケジュールとラインナップ

おせち25品は3日に分けて作りますが、中には、20日過ぎたら仕込むものや作っておけるものもあります。味のしみ込み具合や日持ちを考えてあるから、三が日の毎日が食べ頃です。

20日過ぎたら作る

あんずの甘煮 24ページ
黒豆 26ページ
田作り 22ページ
しめさば 30ページ
紅白なます 20ページ
栗きんとん 28ページ
数の子 18ページ

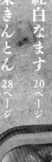

28日に作る

たたきごぼう　32ページ
ゆず羹　40ページ
りんご羹　38ページ
八幡巻き　34ページ
竜眼巻き　36ページ

29日に作る

30日に作る

買っておくもの

黄ゆず
干しあんず
くちなし
くわい
ぎんなん
(重箱盛りつけ用)
ごぼう
(カットしていないもの)
百合根
干ししいたけ
(上冬菇《どんこ》)
干し数の子
焼き海苔
栗の甘露煮
りんごジャム
(娘の手作り)
抹茶
お多福豆
丹波大納言あずき
丹波黒豆
田作り
かんぴょう
利尻昆布
削り節
(血合入り、血合なし)

普段よく使う食材はいつもの店で購入すればいいのですが、お正月だからこそ使いたい食材やこだわりの食品、大量に仕入れたいものは、前もって注文しておくと安心です。乾物も日持ちするので、前もって入手しておきます。

スモークサーモン（紅鮭、半身）
生たらこ（昆布巻き用）
生たら（だて巻き用）
えび（車えびまたはさい巻きえび、活きたもの）
さば（3枚におろしたもの）
うずらの卵（生）
ずわいがに（足。ゆでて冷凍）
鶏ささ身（竜眼巻き用）

だしをとる

だしは和の料理の味を決定づける大切なもの。昆布は、よりおいしいものにと利尻昆布を買い求め、かつお節はその日の削りたてのフレッシュなものを使います。特にお正月用には、菜箸が立つくらい贅沢に削り節を入れて、ていねいに、そして、たっぷりととっておくのが常。だしは野菜の味を引き立て、料理のうまみのもととなるので、おせちだけでなく、煮ものやおひたしなどに幅広く使います。

削り節は、おせち料理用には血合入り、お雑煮用には血合なしを使います。

材料（作りやすい分量）
水　3ℓ
昆布　20㎝
削り節　150g（水200mℓに対して10g）

1 昆布はかたく絞ったぬれ布巾で拭く。鍋に入れて水を注ぎ入れて弱火にかけ、60℃の湯（昆布が湯の中で少しゆらゆらする程度）で1時間ほど煮出す。

2 昆布を取り出す。ぬめりや雑味が出るので、絶対に沸騰させない。

3 火を止め、削り節を少しずつ広げるようにして静かに入れてトングで湯に埋めるようにし、7〜10分おく。飲んでみて、しっかりだしの味がするまでおいておく。

4 大きめのボウルにザルをのせ、ぬらして絞ったさらしをかぶせ、③のだし汁を注いで漉す。濁ってしまわないように、静かに注ぐ。

5 さらしで削り節を包んでそのままおき、自然にだしが落ちるまでおいておく。濁りの少ないおいしいだしがとれる。

6 とっただしは保存容器に入れて塩少々（分量外）を加え、冷蔵庫で保存する。1〜2日以内に使わない分は、小分けにして冷凍する。

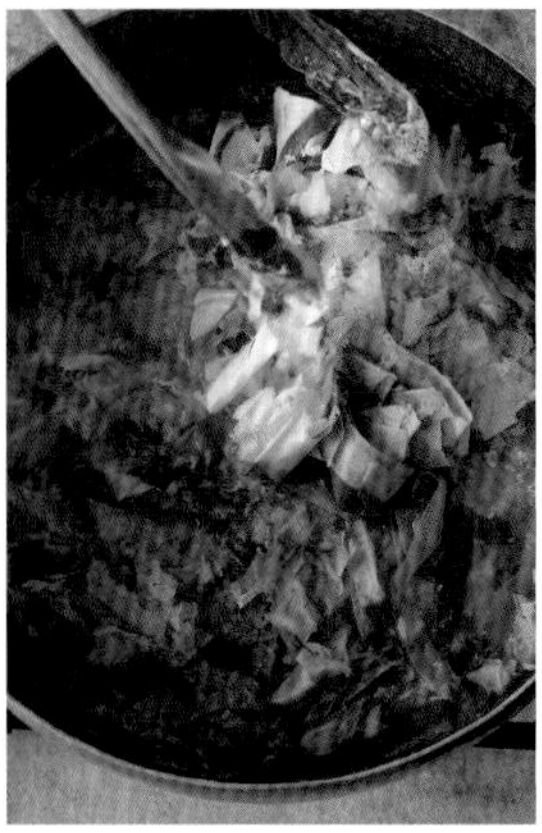
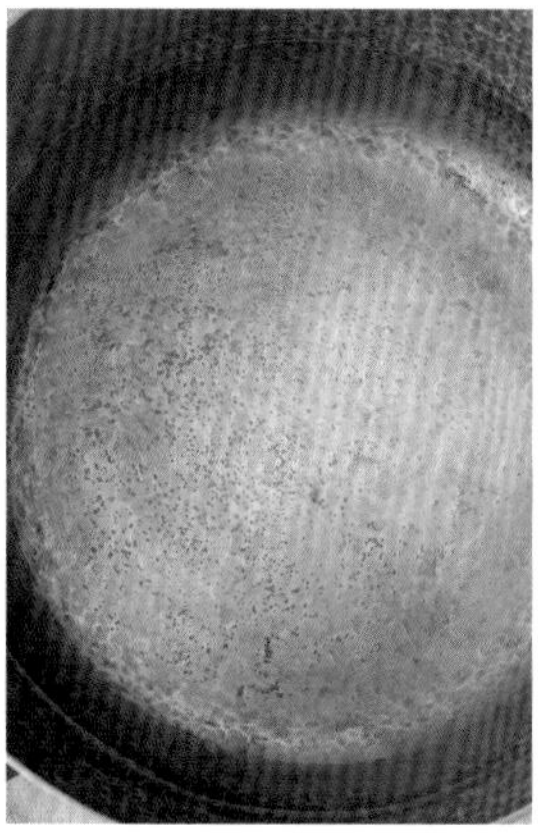

数の子

卵の数が多い数の子は、子孫繁栄を意味する縁起もの。新しい年を祝っていただく、祝い肴のひとつです。以前は塩数の子を使っていましたが、10年ほど前から干し数の子を使うようになりました。干すことによってうまみが増し、その味、歯応え、香りは最上級です。

戻す手間に時間はかかりますが、これさえ上手にできれば、あとはつけておくだけ。だしの風味たっぷりに仕上げたいので、だし汁につけた数の子に、さらにガーゼで包んだ削り節をのせ、味をしっかりとしみ込ませます。

材料（作りやすい分量）
干し数の子　15本くらい
だし汁　3カップ
煮切り酒＊　¼カップ
しょうゆ　大さじ1½
塩　少々
削り節　大きくひとつかみ
＊煮切り酒……酒を鍋に入れて煮立て、アルコール分を飛ばす。

1 干し数の子を戻す。干し数の子を商品の指示に従って塩水につけ、塩水を毎日取り替えながら6～7日つける。ふっくらとした状態になったら取り出し、表面に薄皮があれば、指先できれいに取り除いて洗う。

2 だし汁、煮切り酒、しょうゆ、塩を混ぜ合わせる。

3 ボウルに数の子を入れ、②をひたひたに注ぎ入れる。削り節をガーゼにのせてふんわりと包み、上にのせ、1日以上つけて味を含ませる。

4 汁ごと保存容器に移し、削り節を包んだガーゼものせる。

● 器に盛るときは、手で食べやすい大きさにちぎる。包丁で切ると卵が割れてしまい、渋みや脂が出てしまう。

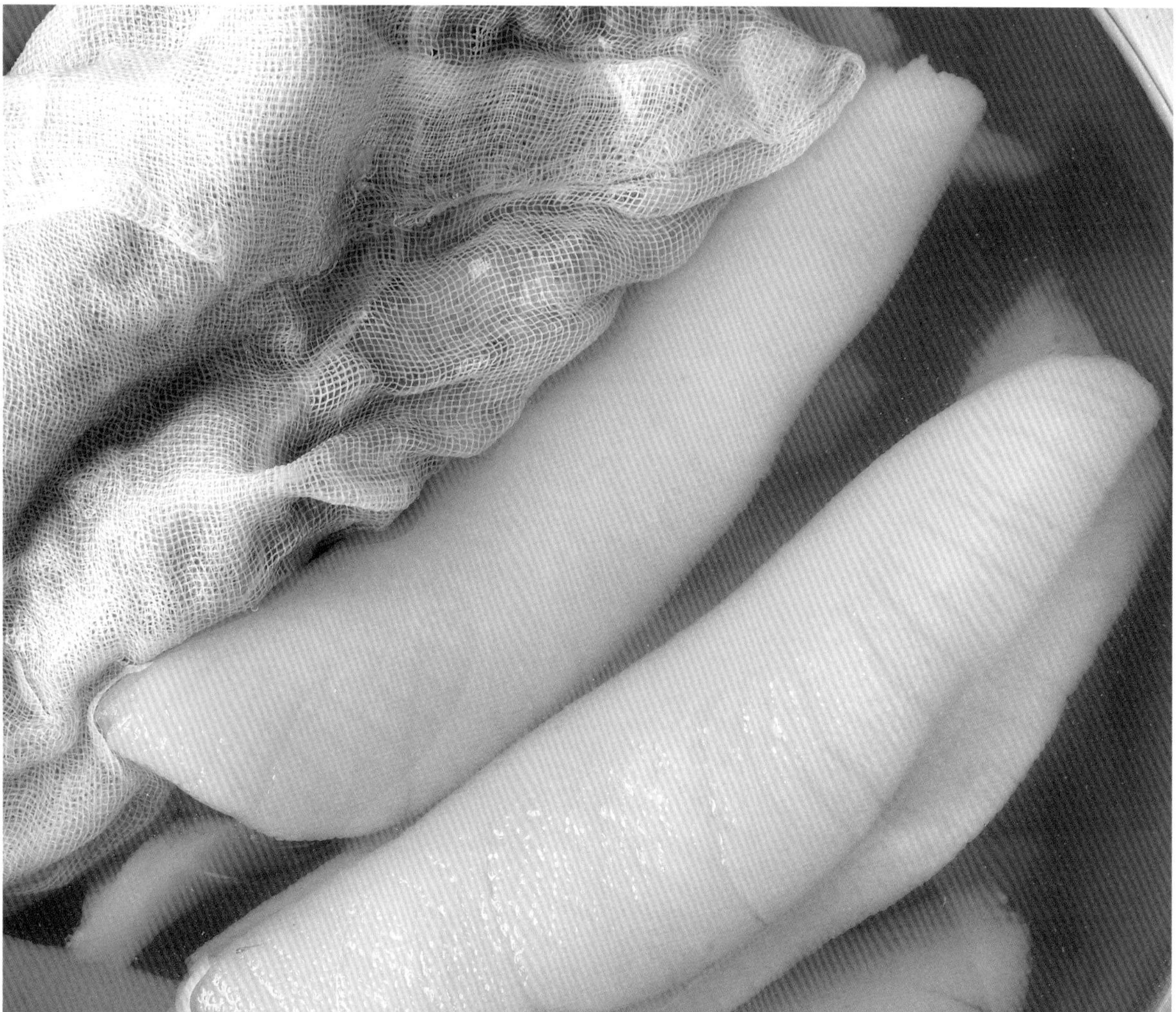

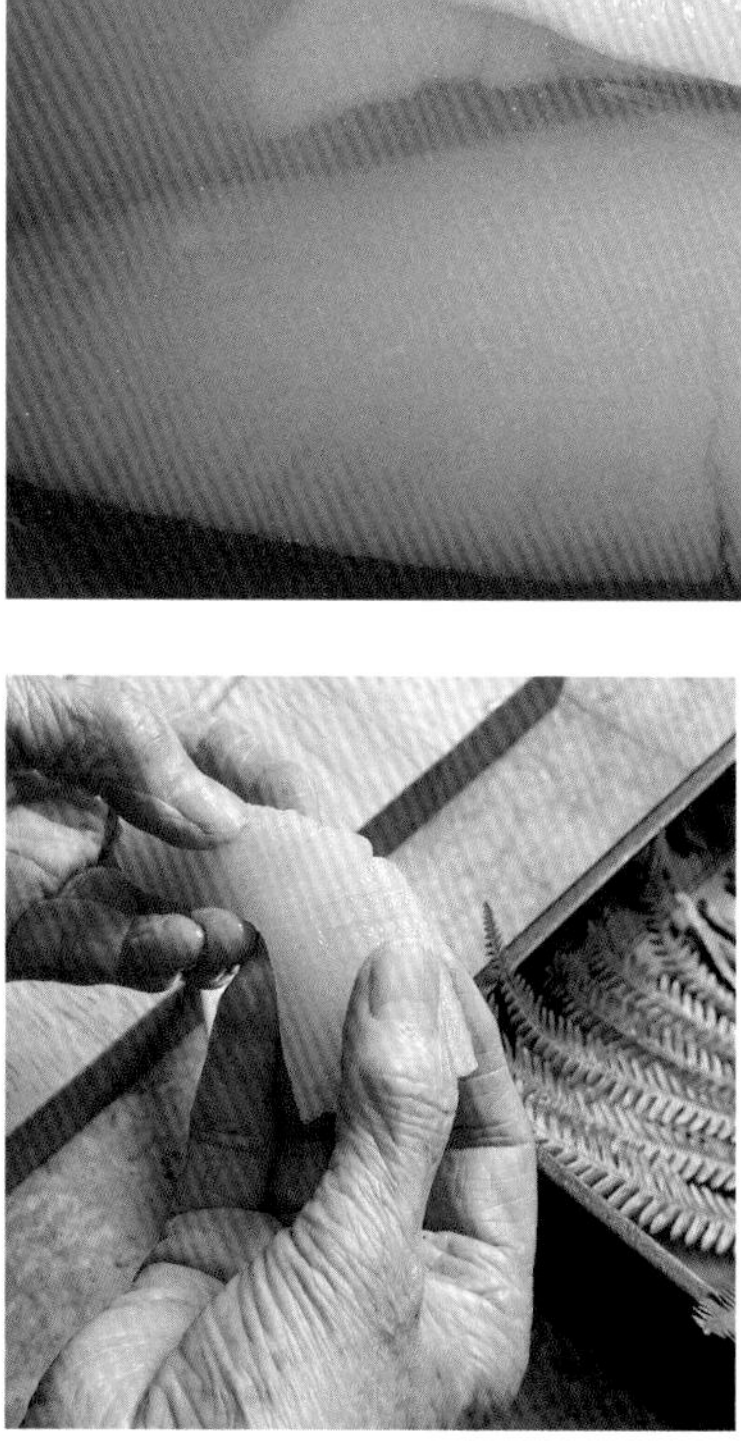

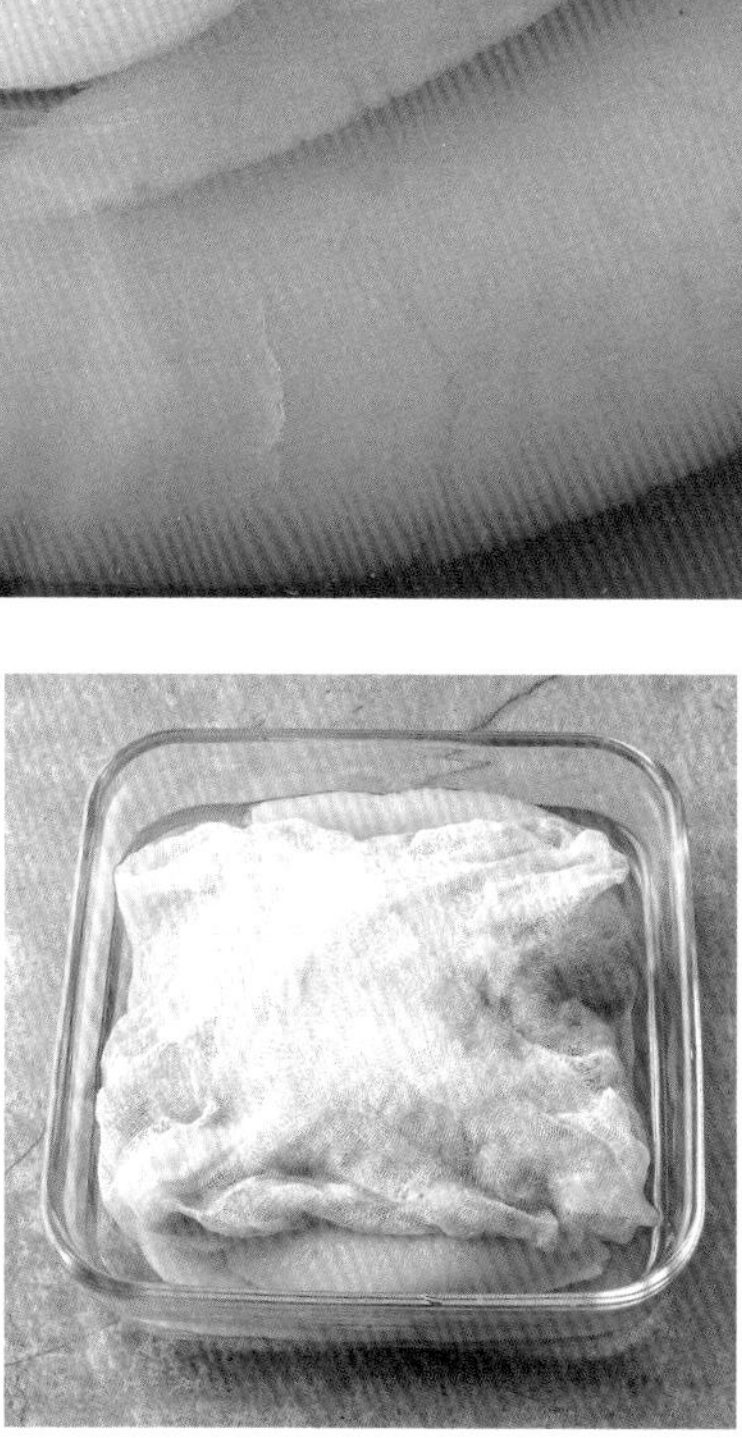

20日過ぎたら作る

紅白なます

大根ににんじんを合わせて紅白に仕立て、ゆずの香りを添える、お正月らしい趣の一品。甘い酢のものが苦手なので、我が家では甘さ控えめ。口直しや酒の肴にもなる味つけにします。

ポイントは大根とにんじんの下ごしらえ。大根はそこそこの細さのせん切りにし、にんじんはスライサーで大根よりさらに細く切りそろえ、どちらも塩をふって余分な水分を出してから甘酢につけます。にんじんの量は全体の色合いをみて加減します。

材料（作りやすい分量）

大根　½本

京にんじん　⅓本

塩　大さじ⅔〜1

赤唐辛子　1本

ゆず　1個

メープルシロップ（ゴールデン）　大さじ4〜5（または上白糖　大さじ2〜4）

米酢　½カップ

1 大根は5cm長さに切って厚めに皮をむき、縦薄切りにし、繊維に沿ってせん切りにする。包丁を切り終わった大根のほうに少し斜めにして切ると、刃に大根がくっつかず、切りやすい。

2 にんじんは大根と同じくらいの長さに切って皮をむき、スライサーで薄切りにしてからせん切りにする。

3 大根とにんじんをそれぞれボウルに入れ、塩をふって手でもむ。食べてみて、少ししょっぱいと感じるくらいの塩加減にして、水気が出たら、水気をしっかりと絞る。

4 赤唐辛子は種を除いてせん切りにする。

5 ゆずは皮を薄く削いでせん切りにし、実は果汁を搾る。

6 ボウルに大根とにんじんを入れてほぐしながら混ぜ、ゆずの皮と搾り汁、赤唐辛子を加えて混ぜる。メープルシロップ、米酢を入れて混ぜ合わせ、そのままおいて味をなじませる。

7 汁ごと保存容器に移す。

● 盛りつけるときは、ゆずの器に詰めても。

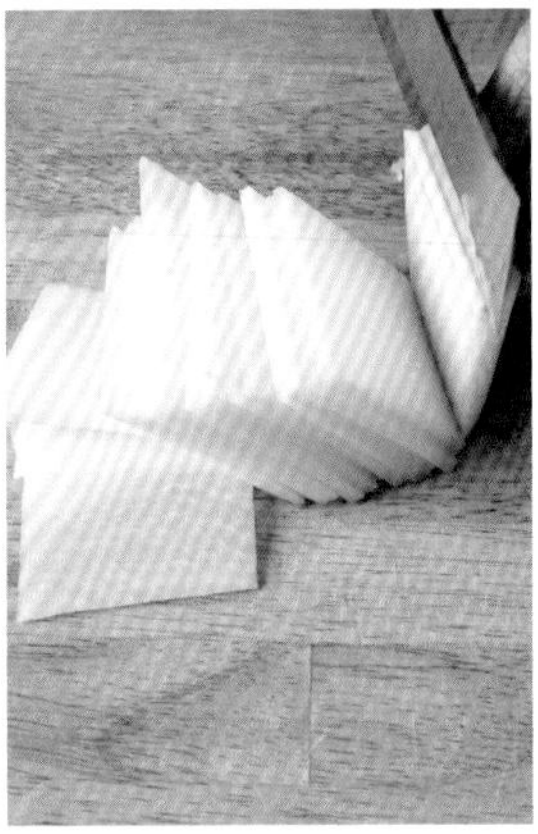

20日過ぎたら作る

田作り

田作りは、小さい片口いわしを素干しにしたもので、ごまめともいいます。「達者」という意味があり、一年を達者に過ごすことを願う縁起ものです。

わが家では甘みを最小限におさえ、ごまをたっぷり入れて仕上げるのが定番。みりんの代わりにメープルシロップを使うのですが、焦げにくいうえに深みのある甘さでおいしく、ごまめ同士がかたまらないのも魅力です。

材料（作りやすい分量）
ごまめ　50g
酒　大さじ3
しょうゆ　大さじ2〜3
メープルシロップ（ゴールデン）
　大さじ1〜2
金炒りごま　大さじ2

1 ごまめは腹ワタをむしり取り、天板に広げて入れ、130℃のオーブンで15分ほど乾燥させる。手でポキッと折れるくらいが目安。

2 フライパンに酒、しょうゆ、メープルシロップを入れて火にかけ、煮立ったらごまめを入れ、箸で混ぜながら味をからめる。味をみて好みの味に調える。

3 汁気がなくなったら火を止め、ごまを加えてよくからめる。

4 熱いうちにバットなどに広げて冷まし、保存容器に移す。

●盛りつけるときは、ごまめの向きをそろえるときれい。

20日過ぎたら作る

あんずの甘煮

おせちの彩りに、口直しに、デザートに、作っておくと重宝するのがこの甘煮。年末になる前に質のよいものを多めに買っておき、いっきに作って冷蔵庫へ。我が家で長年作り続けている定番中の定番です。

ポイントは、煮汁がとろんとシロップ状になり、ほどよいやわらかさになったら火を止めること。あんずだけでなく、香りが移ったシロップもおいしいので、シロップごと保存します。あんずは色よくふっくらとした上質のものを入手することが大切です。

材料(作りやすい分量)
干しあんず　500g
グラニュー糖　200〜250g

1 鍋に干しあんずを入れ、ひたひたの水、グラニュー糖を加えて中火にかける。
2 アクを取り除き、弱火にして10分ほど、あんずがやわらかくなって、煮汁がとろりとしてくるまで弱火で煮る。やわらかくなりすぎないように。
3 火を止めてそのまま冷まし、味をさらに含ませる。
4 汁ごと保存容器に移す。

20日過ぎたら作る

黒豆

黒豆は、まめに暮らせるようにと縁起をかついで、家族の無病息災を願っていただくもの。おせち料理には欠かせない1品です。

私がいつも使っているのは、大粒の丹波黒という品種で、色つやがよく、もっちりとした食感で、味わい深いのが魅力。豆によりやわらかくなる時間が異なるので、ときどきつまんで確かめながら煮るようにします。ほかの料理との兼ね合いで、コンロが空いているときに火にかけて煮ていくといいですね。

豆の状態は毎年違うので、よい豆屋さんを選んでアドバイスに従うのがよいでしょう。ここ数年は、老舗の豆屋さんの煮方で煮ています。

材料（作りやすい分量）

黒豆　1袋（300g）
グラニュー糖　150g
みりん　⅓〜½カップ
しょうゆ　大さじ1
塩　小さじ½
古釘　2〜3本

1 黒豆は洗ってザルに上げて水気をきる。古釘はガーゼなどで包む。

2 厚手の鍋に洗った黒豆とかぶるくらいの水を入れ、黒豆はいったん取り出す。グラニュー糖、みりん、しょうゆ、塩を入れて火にかけ、ひと煮立ちさせて火を止める。

3 煮汁がまだ温かいところに黒豆を入れ、ガーゼで包んだ古釘を入れ、ひと晩おく。

4 ③の鍋を中火にかけ、煮立ったらアクを取り、ふたを少しずらしてのせ、黒豆が踊らないようにごく弱火で煮る。煮汁が少なくなったらその都度差し水をし、常に黒豆がかぶるくらいにし、黒豆がやわらかくなるまで2〜3時間煮る。煮上がったら古釘は除く。

5 冷めたら、汁ごと保存容器に移す。

● 器に盛り合わせるときは、松葉に刺しても。奇数の黒豆を、おいたときに互い違いになるように刺す。

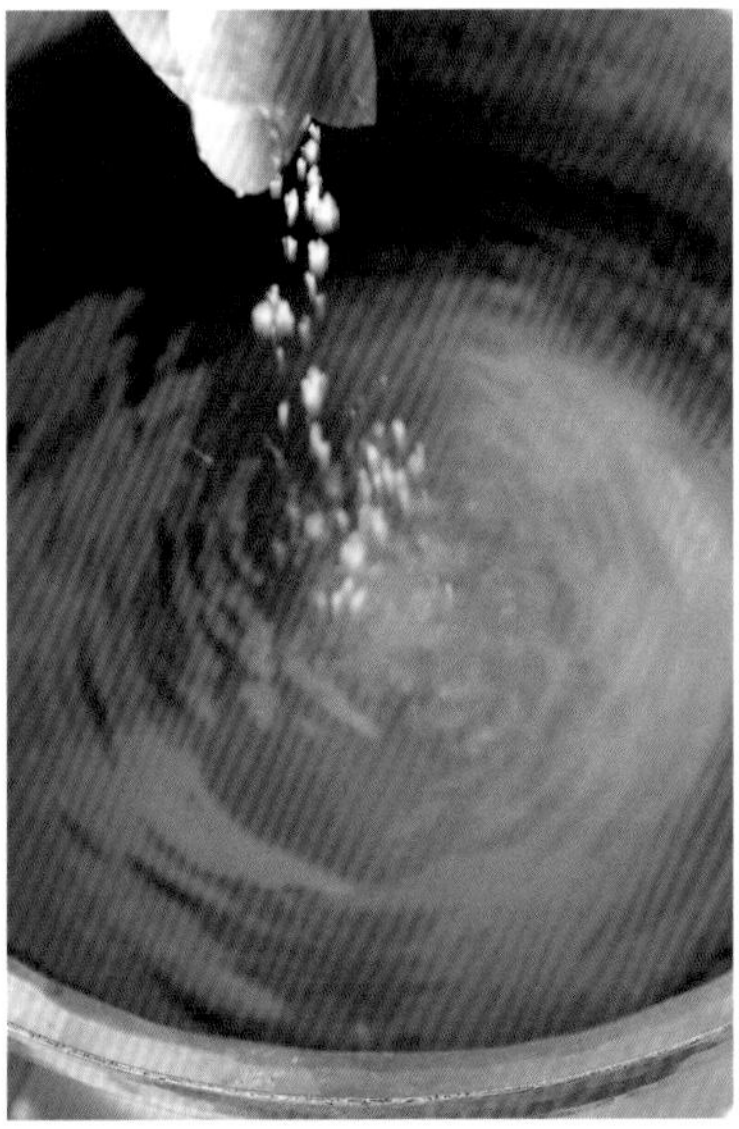

20日過ぎたら作る

栗きんとん

きんとんは漢字で「金団」と書き、黄金の団子または黄金の布団という意味があるようで、商売繁盛を願っていただく料理。その名の通り、くちなしの実で黄金色につやよく仕上げるのが特徴です。

手作りのよさは、好みの甘さにできること。私は、さつまいもと栗の甘さを加味して砂糖の量を控えます。また、きれいな色に仕上げたいから、このときばかりはグラニュー糖を使います。栗は入手しやすい甘露煮を使いますが、そのままでは甘すぎるので湯通ししてから使います。くちなしは新しいものを使用。古いと美しい黄色になりません。

材料（作りやすい分量）
さつまいも　2本（700gくらい）
みょうばん　小さじ1
くちなし　2個
栗の甘露煮　15〜16個
グラニュー糖　大さじ4〜6
塩　小さじ1/3

1 さつまいもは1cm厚さの輪切りにし、皮を筋の内側まで厚めにむく。正味500g程度になる。みょうばんを溶かした水に入れ、1時間以上つける。

2 くちなしはガーゼに包み、色が出やすいように軽くたたいて割る。栗の甘露煮は湯通しし、大きければ半分に切る。

3 ①のさつまいもをよく洗って鍋に入れ、たっぷりの水を注ぎ入れ、竹串を刺して半分刺さる程度のかたさになったら、ゆでこぼす。

4 新たにかぶるくらいの水を入れ、②のくちなしを加え、竹串を刺してスーッと通るまでゆでる。

5 さつまいもを取り出してフードプロセッサーに入れ、ゆで汁少々を加えて撹拌する。残りのゆで汁は取っておく。

6 ⑤を鍋に戻し、グラニュー糖、さつまいものゆで汁1カップを加え、ゆるくなるまでのばし、弱火で練りながら煮る。味をみて、甘さが足りなければグラニュー糖（分量外）を足す。

7 つやが出てぽってりとしてきたら、②の栗を加えて混ぜ、塩で味を調える。

8 バットなどに広げて冷まし、保存容器に移す。

20日過ぎたら作る

しめさば

生の青背魚も酢じめにすれば日持ちがします。そんなことから、しめさばはいつの間にかおせちの定番になりました。私はしっかりしめたものが好きなので、比較的長い時間酢につけ、汁気を拭き取ってラップで包み、さらにフリーザーバッグに入れて冷凍保存。いただく前に冷蔵庫に移してゆっくりと解凍します。そのままいただくほか、すしめしと合わせたり、炙ったり、昆布じめなどにして楽しみます。

材料(1尾分)

さば(3枚におろしたもの)　1尾分
粗塩　適量
米酢　適量
菊花の酢漬け　適量
＝食用菊(紫)　2パック
＝米酢　適量

1 さばは角ザルを重ねたバットに入れ、身が見えなくなるくらいたっぷりの塩を両面まぶす。この状態で冷蔵庫に入れて30分～1時間おく。しっかりしめたければ1時間以上おいても。

2 流水で塩を洗い流して水気を拭き、腹骨をすき取り、骨抜きを使って身の中央の骨をていねいに抜く。

3 フリーザーバッグに入れ、米酢をひたひたに加え、冷蔵庫に入れて40分～1時間つける。さばが大きければ時間をかける。これでしめさばの完成。

4 冷凍する場合は汁気をしっかりと拭き取ってラップで包み、フリーザーバッグに入れる。いただく日に解凍または半解凍する。

5 菊花の甘酢漬けを作る。菊花は花びらをむしり取り(花芯は苦いので残す)、丸ザルに入れる。鍋にたっぷりの湯を沸かして米酢少々(分量外)を入れ、丸ザルごと浸してさっと湯通しし、水気を絞る。ボウルに入れ、米酢適量を加えてなじませる。保存容器に入れて冷蔵庫で保存。塩少々(分量外)を加えると日持ちする。

● 器に盛るときに、しめさばの皮をひき、切り込みを1本入れながら1cm幅のそぎ切りにし、汁気をきった菊花を適量ずつ切り込みにはさむ。

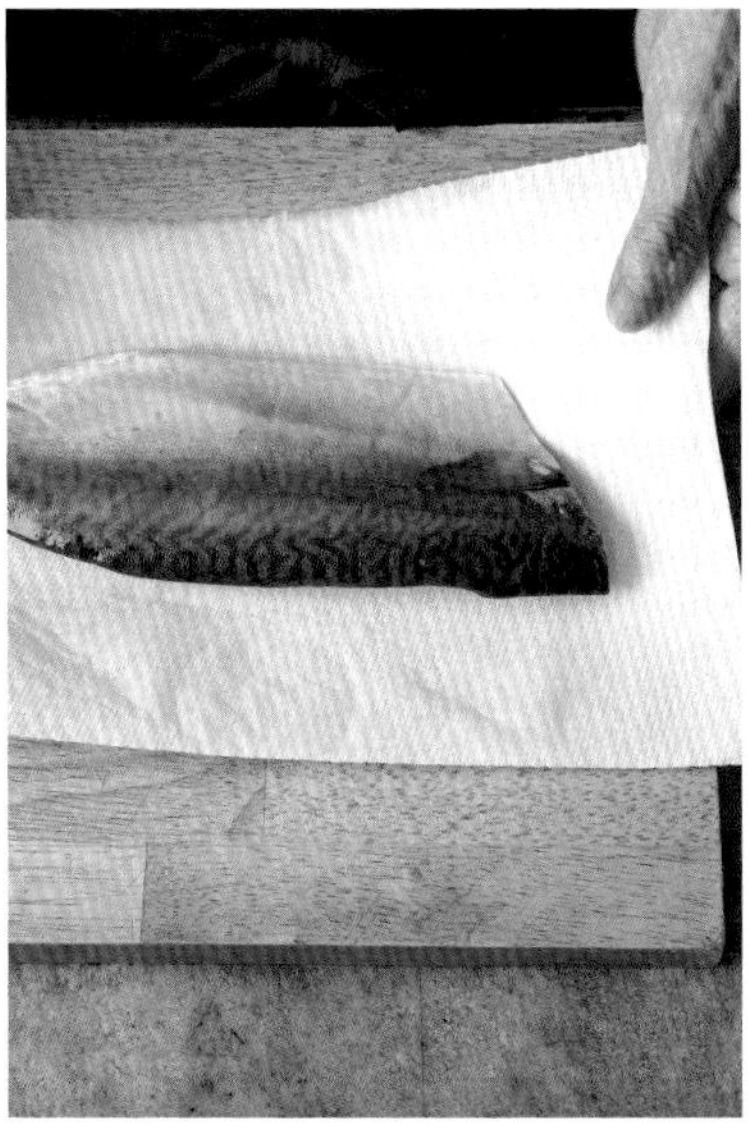

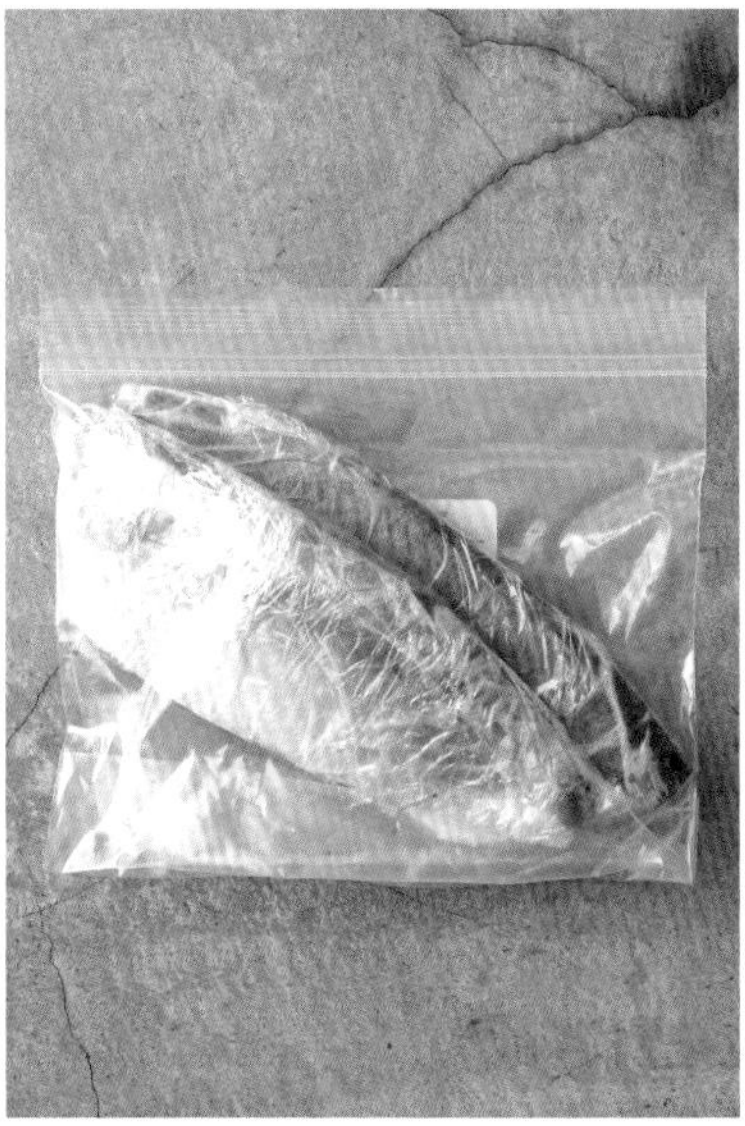

28日に作る

たたきごぼう

ごぼうは地中深く根を張ることから、長寿や家の基礎がためを願っていただく料理なので、お正月の祝い肴として作ります。

ごぼうの歯応えを残してゆで、ゆで上がったものから順次たたき、熱いうちにごま酢でからめるのがポイント。切るのではなく、めん棒でたたきくずすため、味がよくなじみます。歯応えを楽しみたいので、ゆですぎには注意。ゆで具合は、指で押さえてチェックするのが一番です。

材料(作りやすい分量)

ごぼう(細めのもの) 2本

ごま酢

- 白ごま 2/3カップ
- 米酢 大さじ4
- しょうゆ 大さじ2
- メープルシロップ(ゴールデン) 大さじ2〜3 (または煮切りみりん* 1/4カップ)

*煮切りみりん……みりんを鍋に入れて煮立て、アルコール分を飛ばす。

1 ごぼうはたわしで表面をこすり洗いし、鍋に入る長さに切り、酢水につける。

2 ごま酢を作る。ごまはフライパンで香ばしくなるまで炒る。すり鉢に入れて軽くすり、米酢、しょうゆ、メープルシロップを加え、粒々感が残る程度にすり混ぜる。はじめは分量より少なめの調味料を入れ、あとで調整。

3 鍋にたっぷりの湯を沸かして酢適量(分量外)を加え、ごぼうを入れ、指で押してちょっとやわらかくなるまでゆでる。

4 火の通りが早い細めのものから順に取り出して汁気をきり、すぐにすりこ木でたたく。5㎝くらいの長さに切って熱いうちに②のすり鉢に入れて混ぜる。すべて混ぜたら、味をみて酸味、甘み、塩気などを好みで調える。

5 冷めたら、ごぼうの向きをそろえて保存容器に移す。

28日に作る

八幡巻き

我が家の八幡巻きは、ごぼうとにんじんを使い、切ったときに断面が紅白の市松模様になるように組んで巻くのが特徴です。中心にくるごぼうとにんじんの角がきっちり合うように切りそろえるのが美しく仕上げるコツ。ごぼうとにんじんをそれぞれおいしく下煮しておくのが、おいしさのポイントです。

ごぼうは太めのものを使いたいので、太い部分は八幡巻きに、残りはたたきごぼう（32ページ参照）に使っても。

牛肉は巻き肉用などの幅の広いものを使い、少しきつめに巻くと形くずれしにくく、冷めてもおいしくいただけます。

材料（4〜5本分）

- ごぼう（太めのもの） 1本
- にんじん 2本
- ごぼう下煮用
  - だし汁 2カップ
  - しょうゆ 大さじ2
  - 酒 大さじ2
- にんじん下煮用
  - だし汁 2カップ
  - しょうゆ 小さじ1/3
  - 酒 大さじ2
  - 塩 小さじ1/3
- 牛もも薄切り肉（肉巻き用など大判のもの） 4〜5枚
- 太白ごま油 適量
- 酒 大さじ4
- みりん 大さじ4〜5
- しょうゆ 大さじ4

1 ごぼうはたわしで表面をこすり洗いし、10cm長さに切って酢水につける。水気をきって下ゆでし、ザルに上げる。にんじんは皮をむき、ごぼうと同じ長さに切り、ごぼうの太さに合わせて棒状に切る。

2 鍋にごぼう、下煮用の材料を入れて火にかけ、煮立ってきたら弱火にし、オーブンシートで落としぶたをして、歯応えが残る程度に下煮する。そのまま冷ます。にんじんも同様にして下煮し、そのまま冷ます。

3 ②のごぼうとにんじんを縦4つ割りにし、使うまで煮汁につけておく。使う直前にペーパータオルの上にのせて汁気をきる。

4 ラップの上に牛肉を広げ、ごぼうとにんじんを2本ずつ交互に角を合わせておき、牛肉でしっかりと巻く。

5 フライパンに太白ごま油を多めに入れて熱し、側面にも油をよくなじませてから、油をあける。

6 ⑤のフライパンに牛肉の巻き終わりを下にして並べ入れ、しっかり焼きつけ、トングで転がしながら、やや強火で表面全体に焼き色をつける。

7 牛肉から出た脂をペーパータオルで拭き、酒とみりんを入れてアルコール分を飛ばす。しょうゆを加え、煮汁が少なくなってとろりとするまで煮詰め、牛肉にからめる。

8 取り出してバットに並べ、煮汁をかける。冷めたら、保存容器に移す。

● 器に盛るときに両端を切り落とし、食べやすい長さにそろえて切る。

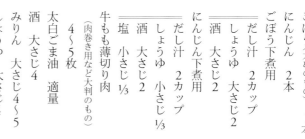

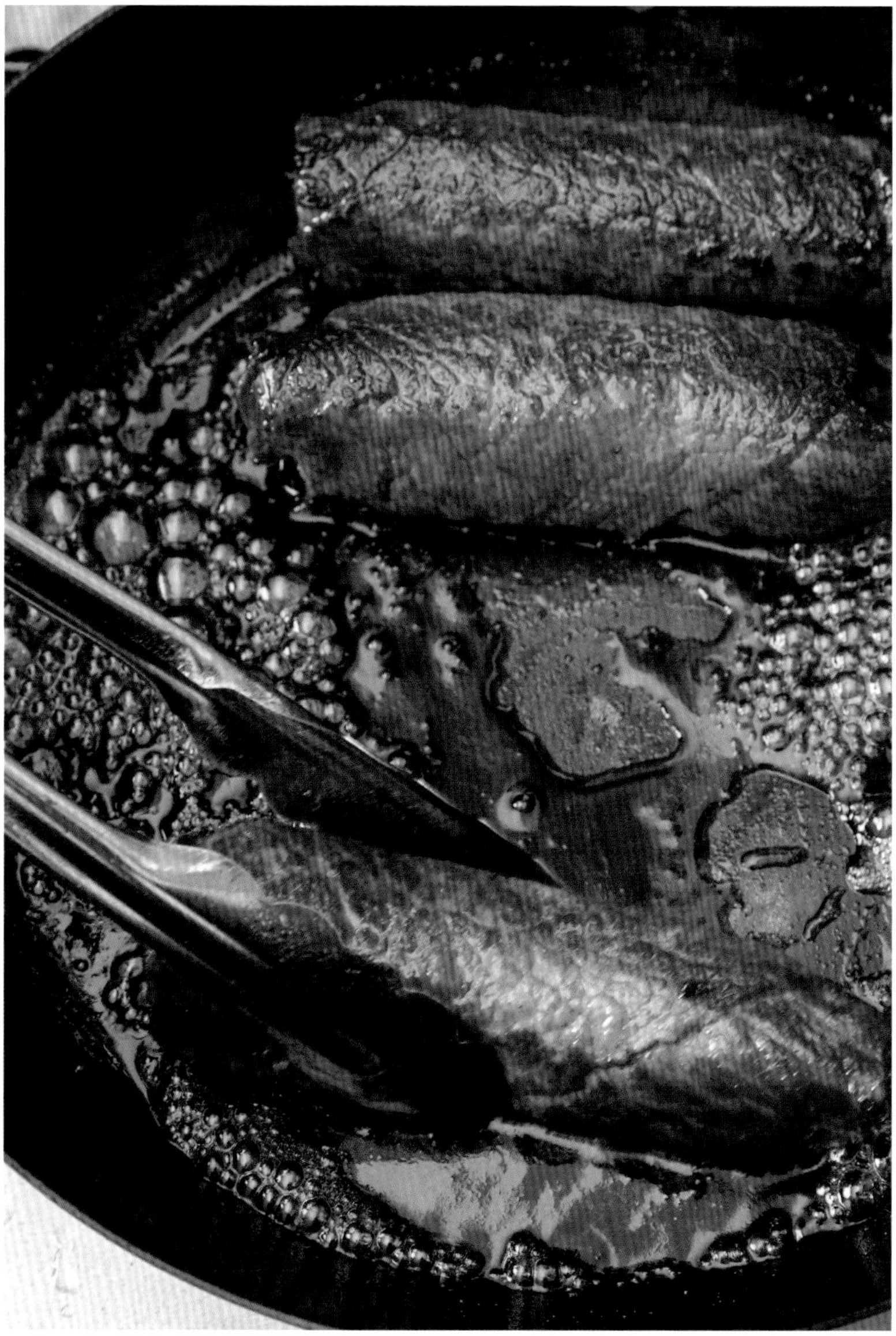

28日に作る

竜眼巻き

中華料理の前菜のひとつで、料理の真ん中に丸い目をつけて作ったものに竜眼という名がつくそうで、おめでたいときの料理と知り、我が家のおせちに加わりました。器に盛るときに、うずらの卵の黄身が見えるように4つに切り分けるのがポイントです。

海苔とささ身が渦巻きになった姿が愛らしく、昔から子供たちのリクエストが多かった一品。揚げたてにジュッとしょうゆをからめるのがおいしさの秘密。香ばしさとコクが加わって、冷めていてもおいしくいただけます。

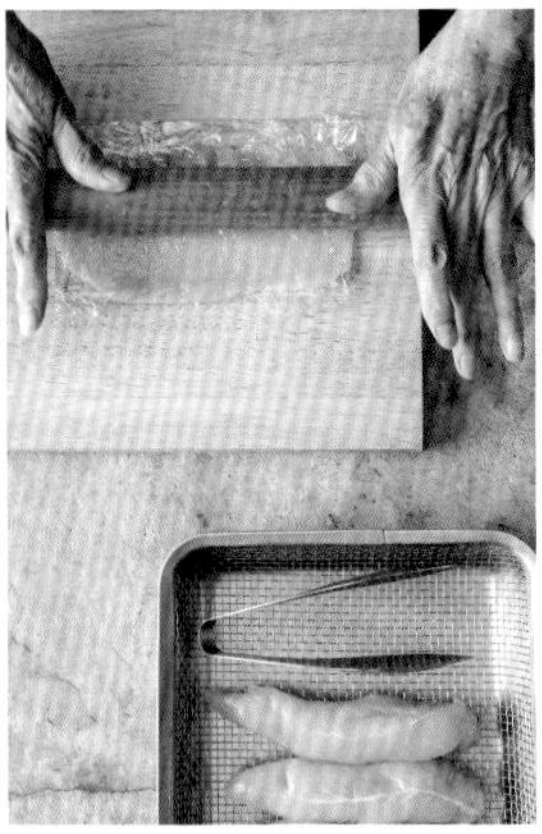

材料（作りやすい分量）

鶏ささ身　6本
うずらの卵　12個
焼き海苔　1 ½枚
小麦粉　少々
揚げ油　適量
しょうゆ　適量

1 うずらの卵はゆでて水に取り、全体にたたいてひびを入れ、水の中で殻をむく。海苔は4つ切りにする。

2 ささ身は筋があれば取り除き、1本ずつラップで包み、めん棒で軽くたたき、端まで均等の厚さになるように長方形にのばす。あらかじめ短辺が海苔とほぼ同じ長さになるようにし、巻き終わりが海苔より長くなるように、ラップの大きさを調整する。

3 まな板の上にラップを広げ、ささ身を縦において手前に海苔をのせ、うずらの卵2個を間隔をあけて横に並べる。うずらの卵を芯にして、ラップを上手に動かしながらきっちりと巻き、そのままラップで包む。

4 うずらの卵とうずらの卵の間にくぼみをつけてピーナッツの殻のような形にし、両端をすぼめるように閉じる。できれば、冷蔵庫に入れてひと晩おく。

5 ラップをはずし、端までたっぷりと小麦粉をまぶし、手でギュッと握って形を整え、余分な粉をはらう。これでしょうゆ味がよくからむ。

6 揚げ油を170℃に熱し、⑤を入れ、ときどき転がしながらカリッとするまで揚げる。

7 バットにしょうゆを入れておき、揚げたてを加え、しょうゆをからめる。バットを傾けて行うと均一になじむ。

8 冷めたら、保存容器に移す。

● 器に盛るときに両端を少し切り落とし、うずらの卵の黄身の中心で切り分ける。

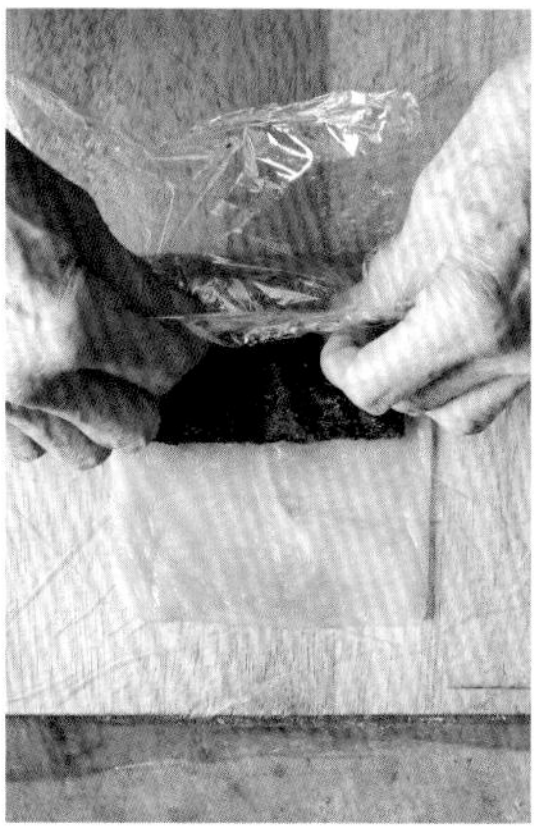

28日に作る

りんご羹

薄紅色が目に鮮やかなりんご羹は、新春を感じさせる1品。りんごは、香りと酸味があり、皮が真紅で発色のよい紅玉を使うのがお決まりです。流し缶でかためてそのまま冷蔵庫に入れておけば、必要なときに必要な量だけを型で抜いて使えるので便利。さわやかな甘さなので、デザート代わりにもなります。

りんごの甘煮は、秋の紅玉の盛りの時期に多めに仕込み、冷凍しておくのがおすすめ。手作りのりんごジャムを使うこともあります。

材料(14×11㎝の流し缶1台分)

りんごの甘煮(作りやすい分量)
- 紅玉　3個
- レモン果汁　2個分
- グラニュー糖　大さじ6

棒寒天　1本
グラニュー糖　80g
水　500㎖

1 りんごの甘煮を作る。りんごは8等分に切って芯と種を取り、ボウルに入れてレモン果汁をまぶす。

2 平鍋にりんごを重ならないように並べ、ボウルに残ったレモン果汁、グラニュー糖をふり、しばらくおいてりんごの果汁を出す。

3 オーブンシートで落としぶたをして中火にかけ、少し透き通って煮えてきたらオーブンシートをはずし、汁気がほぼなくなるまで煮詰める。冷めるまでそのままおく。保存容器に並べ、すぐに使わない分は冷凍庫に入れる。りんご羹に使うのは2個分。

4 りんご羹を作る。棒寒天を適当な大きさにちぎり、かぶるくらいの水に1時間ほどつけてふやかす。

5 りんごの甘煮2個分の皮を取り、フードプロセッサーで攪拌してペースト状にし、1カップ強を用意。大きめのボウルに入れる。

6 ④の寒天の水気をしっかりと絞って鍋に入れ、分量の水を加えて火にかけ、煮立ってきたら弱火にし、アクを取りながら半量になるまで煮詰める。煮詰め具合を正確に測るために、竹串2本を使い、最初の水面の高さに輪ゴムで目印をつけておくとわかりやすい。

7 火を止め、グラニュー糖を加えて溶かす。

8 ⑤のりんごに寒天液を少しずつ加え、その都度ゴムベラで泡が立たないように混ぜる。

9 水でぬらした流し缶に静かに注ぎ入れ、粗熱が取れたら冷蔵庫に入れて冷やしかためる。

● 器に盛るときに、抜き型(40ページ参照)で抜く。

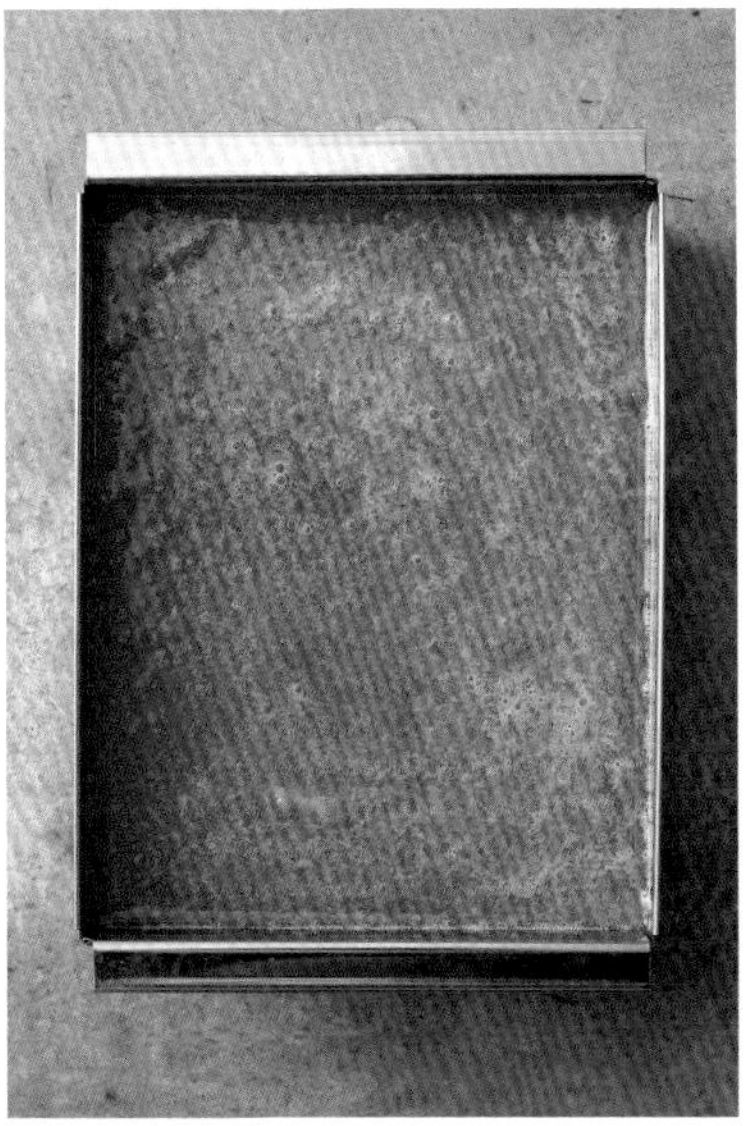
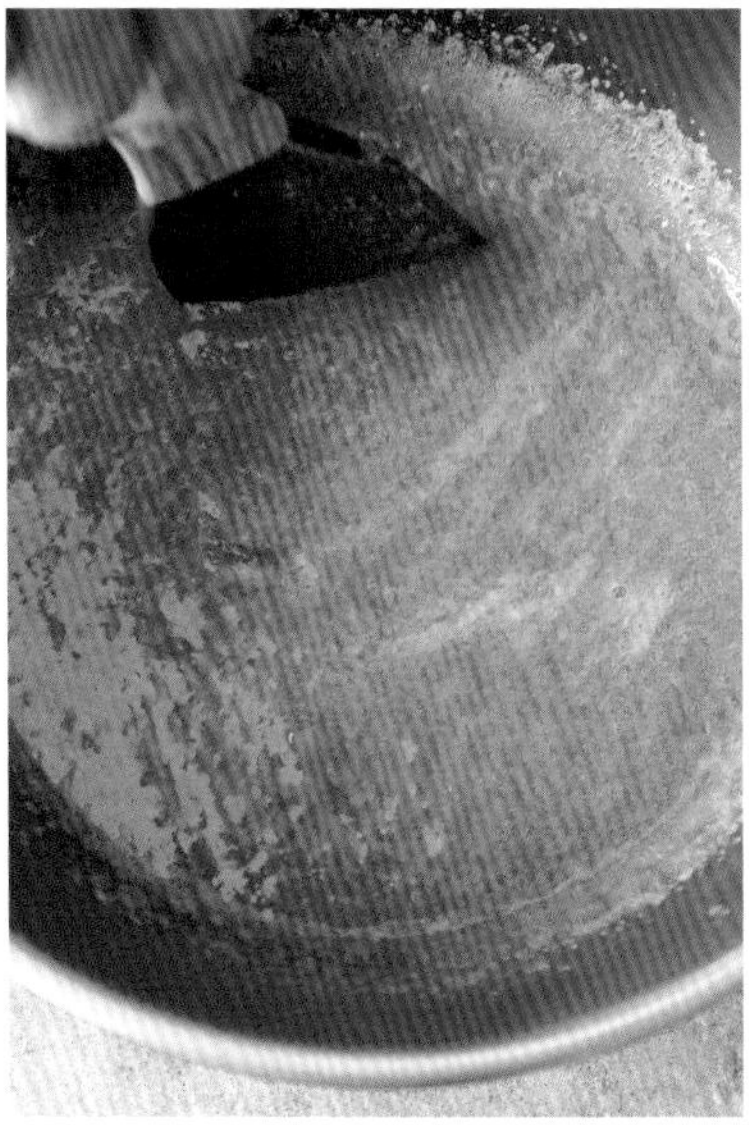

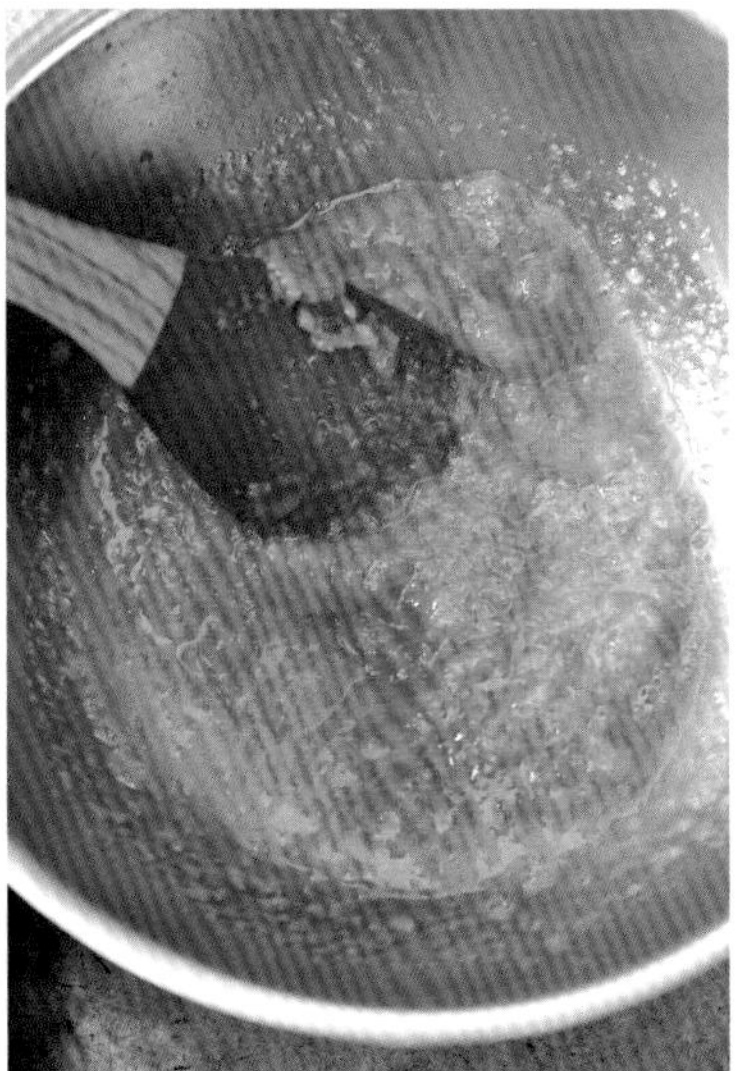

28日に作る

ゆず羹

りんご羹と一緒に仕込むのが、ゆず羹です。黄ゆずの果汁でうっすらとゆず色になった寒天の中で、ゆずの皮が黄金色に輝いて、まるで金粉のような美しさ。四角く切り分けると普段着のおやつにもなりますが、型で抜いてりんご羹と盛り合わせると、お正月らしい華やかさ。

ゆずの皮はチーズグレーターなどですりおろすのがポイント。白いワタの部分が入ると苦くなってしまうので、黄色い表面の部分だけを削るようにします。

材料（14×11㎝の流し缶1台分）

ゆず　大2〜3個
棒寒天　1本
グラニュー糖　2/3カップ
水　500㎖

1 棒寒天を適当な大きさにちぎり、かぶるくらいの水に1時間ほどつけてふやかす。

2 ゆず2個はよく洗って水気を拭き、黄色い表面の部分だけをすりおろす。実は果汁を搾り、種は取り除く。果汁があまり出ない場合は、ゆず1個分の果汁を足して1カップ強にする。

3 ①の寒天の水気をしっかりと絞って鍋に入れ、分量の水を加えて火にかけ、煮立ってきたら弱火にし、アクを取りながら半量になるまで煮詰める。煮詰め具合を正確に測るために、竹串2本を使い、最初の水面の高さに輪ゴムで目印をつけておくとわかりやすい。

4 火を止め、グラニュー糖を加えて溶かす。

5 ゆずの皮を加えて静かに混ぜ、ゆずの果汁を少しずつ加え、ゴムベラで泡が立たないように混ぜる。

6 水でぬらした流し缶に静かに注ぎ入れ、粗熱が取れたら冷蔵庫に入れて冷やしかためる。

● 器に盛るときに、抜き型で抜く。

お正月の料理に活躍する抜き型は、羽子板、縁起のいい松、竹、梅。抜き型を組み合わせたり、ひと手間かけるだけで華やかさが出る。

29日に作る

だて巻き

だて巻きは、見た目の華やかさと、書物のような巻きものに似ている形から、知恵が増えることを願う縁起もの。みりんや砂糖を入れて甘い味つけにするのが特徴ですが、私は甘すぎるのはちょっと苦手。我が家では、砂糖は控えめにしてだしの味を効かせたものを作ります。

私のレシピは、材料をミキサーで攪拌してオーブンで焼く方法。攪拌した卵の細かい泡がこわれないうちにオーブンに入れて焼くと、ふんわり仕上がります。あとは鬼すだれで巻いて形を整えます。だて巻きこそ自家製が一番おいしい。

材料（1本分）

生たら　1切れ
卵　5個
だし汁　½カップ
上白糖　大さじ4
みりん　大さじ2½
しょうゆ　小さじ1
塩　ひとつまみ
太白ごま油　適量

1 たらは4等分くらいに切り、骨と皮、血合いを取り除き、正味120gにする。卵はボウルに割り入れる。だし汁、上白糖、みりん、しょうゆ、塩は混ぜ合わせる。

2 オーブンは200℃に予熱しておく。

3 卵焼き器（オーブン可能なもの）に太白ごま油を多めに入れて弱火でじっくり熱し、側面にも油をよくなじませてから、油をあける。

4 ミキサーに①をすべて入れ、なめらかになって泡立つくらいまでしっかりと攪拌する。

5 すぐに卵焼き器に流し入れ、卵焼き器ごとオーブンに入れ、200℃で5分焼き、180℃に下げて15分ほど焼く。

6 焼き上がったらすぐに、鬼すだれの上にひっくり返してのせ、すだれの竹目に沿って2cm間隔に浅く切り目を入れる。鬼すだれの両端を持って左右を少しずつ寄せていき、どちらかを内側に入れ込んで丸めてから、鬼すだれをきっちりと巻いていく。ゆっくりとした動作で行う。

7 輪ゴムで3～4カ所留め、バットなどに立てて冷ます。立てておくと、冷めるにつれて汁気が出てくる。冷めて形が落ち着いたら、鬼すだれをはずし、ラップなどでしっかり巻いて、保存容器に移す。

● 器に盛るときに食べやすい厚さに切り分ける。

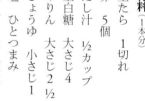

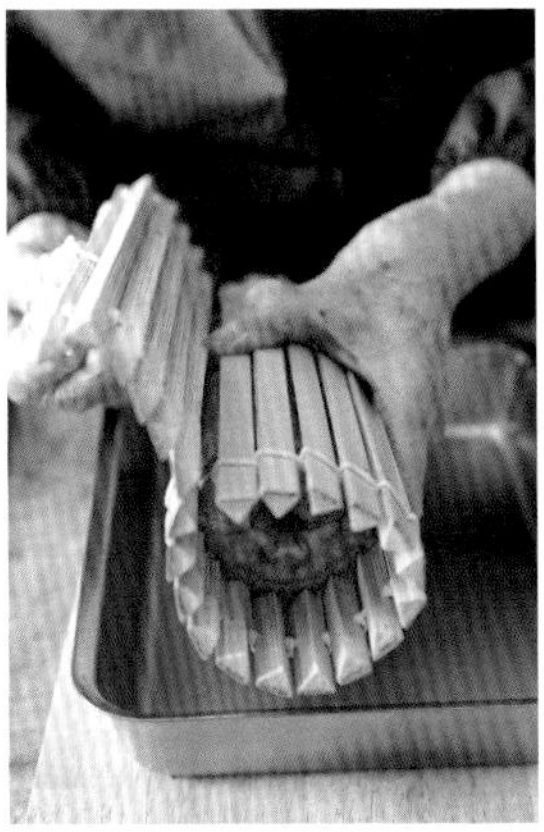
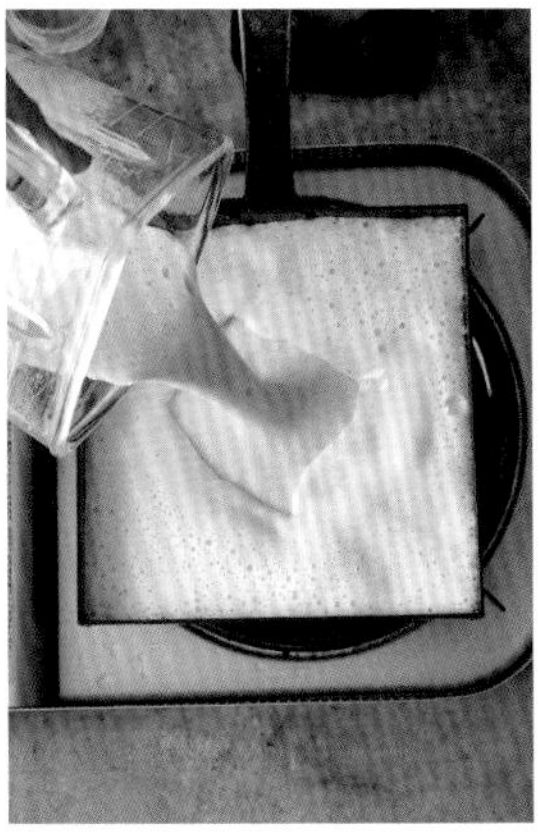

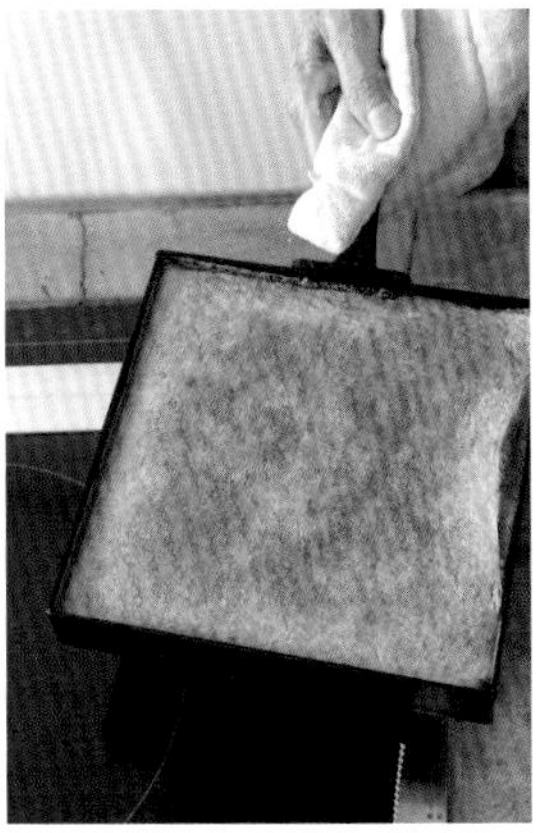

29日に作る

昆布巻き

「よろこぶ」との語呂合わせや巻きものの形から、お正月の祝い肴になった料理です。かつては、身欠きにしんやごぼうで作っていましたが、今は生たらこを使います。生たらこは太すぎると形が悪く、細すぎては貧弱になるので、できあがりを想像してほどよい大きさのものを選ぶようにします。

竹の皮を敷いて煮ると、煮上がったときに取り出しやすく、焦げつき防止にもなります。また、ずっと火にかけておかなくても大丈夫。コンロが空いているときにちょこちょこ火にかけ、気長に煮るようにすれば、ほかの料理の邪魔になりません。昆布の端っこを入れておくと、やわらかさをチェックするときに便利です。

材料（作りやすい分量）

昆布（利尻）
　12㎝長さのもの16枚
かんぴょう　1袋
生たらこ　小8腹
酒　½カップ
みりん　½カップ
しょうゆ　½カップ
竹の皮　1枚

1 昆布は水にさっとくぐらせ、ポリ袋に入れてしばらくおき、ほどよいやわらかさにする。かんぴょうは水につけて戻し、塩少々（分量外）をふり、手でもんで洗い、水気を絞る。

2 竹の皮は水につけ、手で裂き目を入れ、鍋底に敷く。

3 昆布にたらこ½腹をのせ、手前から巻き、巻き終わりを下にして、2カ所をかんぴょうできちんと結ぶ。かんぴょうは長めにしておき、盛りつけるときにきれいに切る。

4 ②の鍋にきっちりと並べ入れ（入らなかったら重ねてもよい）、酒とひたひたより少し多めの水を注ぎ、竹の皮を折り込んでかぶせ、落としぶたをのせる。中火にかけ、煮立ったら弱火にし、昆布がやわらかくなるまで2時間ほど煮る。水分が少なくなったら、その都度酒または水（分量外）を足す。

5 昆布がやわらかくなったら、みりん、しょうゆを加え、再び落としぶたをして弱火で煮汁がとろりとするまで煮る。途中で味見をしながら、しょうゆ（分量外）を足し、2時間ほど煮る。

6 火を止めて、そのまま冷ます。冷めたら煮汁ごと保存容器に移す。

● 器に盛るときにかんぴょうの先を切って形を整え、昆布の両端を少し切り落とし、真ん中で切り分ける。

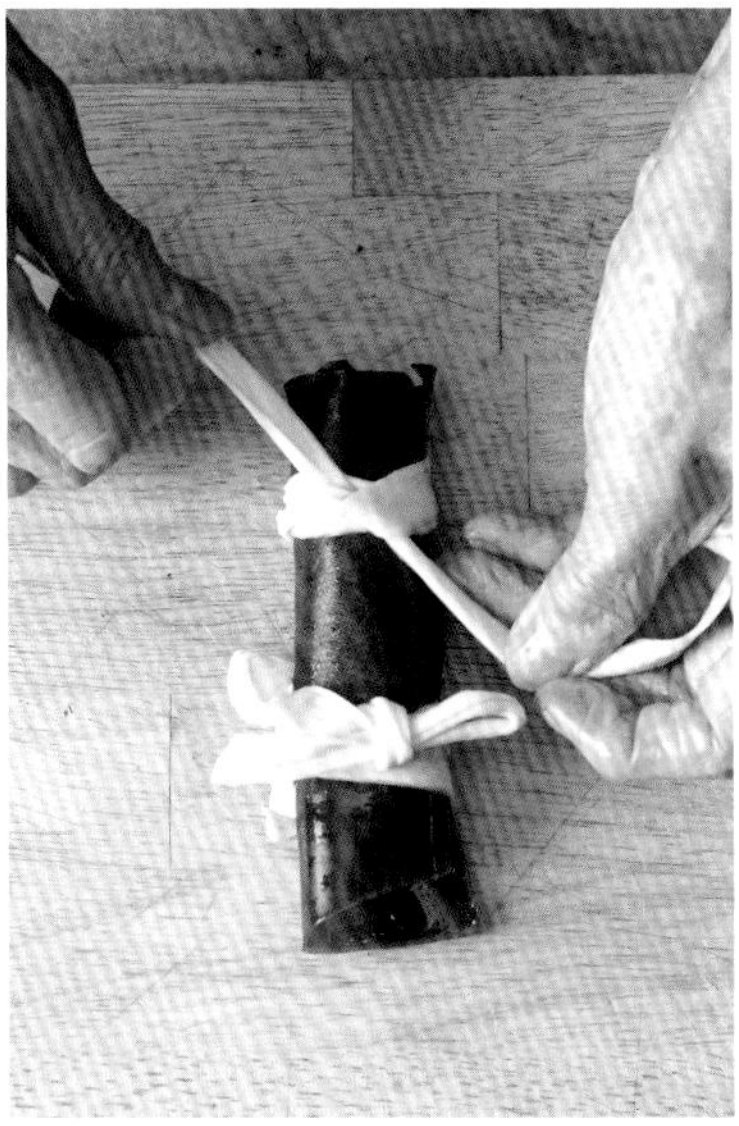

29日に作る

のし鶏

のし鶏は「熨斗鶏」の当て字もあり、おめでたい日の料理のひとつ。表面にごまやケシの実をたっぷりとつけて香りよく仕上げるのが特徴です。正方形や長方形に切りそろえてもよいですが、末広がり＝縁起のよい扇形にして竹串を刺せば、お正月らしい演出になります。

上手に作るポイントは、炒ったひき肉と生のひき肉を半量ずつ使うこと。これでほどよいやわらかさになり、まとめやすくなります。甘辛だれをからめて仕上げると、冷めてもしっとりしておいしくいただけます。

材料（作りやすい分量）

鶏ひき肉　400g
酒　少々
ひき肉の下味
- 片栗粉　大さじ1½
- しょうゆ　小さじ½
- 酒　大さじ1
- メープルシロップ（ゴールデン）大さじ1（または上白糖　小さじ1½）
- 塩　小さじ1
- しょうがの絞り汁　1片分

溶き卵　½個分くらい
太白ごま油　大さじ1～2
金炒りごま　適量
たれ
- 酒　大さじ3
- メープルシロップ（ゴールデン）大さじ1½～2（またはみりん　大さじ2～3）
- しょうゆ　大さじ2～2½

1 ひき肉200gは酒とともに鍋に入れ、菜箸4本を使ってポロポロになるまで炒り、粗熱を取る。

2 残りのひき肉はボウルに入れ、下味の材料を加えて粘りが出るまでゴムベラで混ぜる。①を加えて混ぜ、溶き卵を少しずつ加えて四角くまとまる程度のかたさにする。やわらかすぎると成形ができないので注意。

3 角プレートの上にアルミホイルを敷いて太白ごま油少々（分量外）をぬり、②の生地の½量をのせ、2～3cm高さの長方形に整える。これを2つ作る。

4 オーブンは180℃に予熱しておく。

5 フライパン（オーブン可能なもの）に太白ごま油を熱し、③をアルミホイルが上になるようにひっくり返して入れ、アルミホイルをはずして形を整え、弱火でこんがりと焼く。上面にごまを隙間なくびっしりとのせ、はがれないように手で押さえる。

6 フライパンごとオーブンに入れ、180℃で20分ほど焼く。真ん中を押さえてみて、かたく弾力が出ていれば焼き上がり。バットに取り出す。

7 たれを作る。フライパンをきれいにして酒を入れ、強火でアルコール分を飛ばし、メープルシロップ、しょうゆを加えて煮立てる。

8 ⑥を並べ入れ、味をしっかりとからめ、ひっくり返して汁気が少なくなるまで煮る。ごまの面を上にしてバットに取り出し、フライパンに残ったたれをかけて冷ます。冷めたら保存容器に移す。

● 器に盛るときに、扇形に切って竹串を刺す。

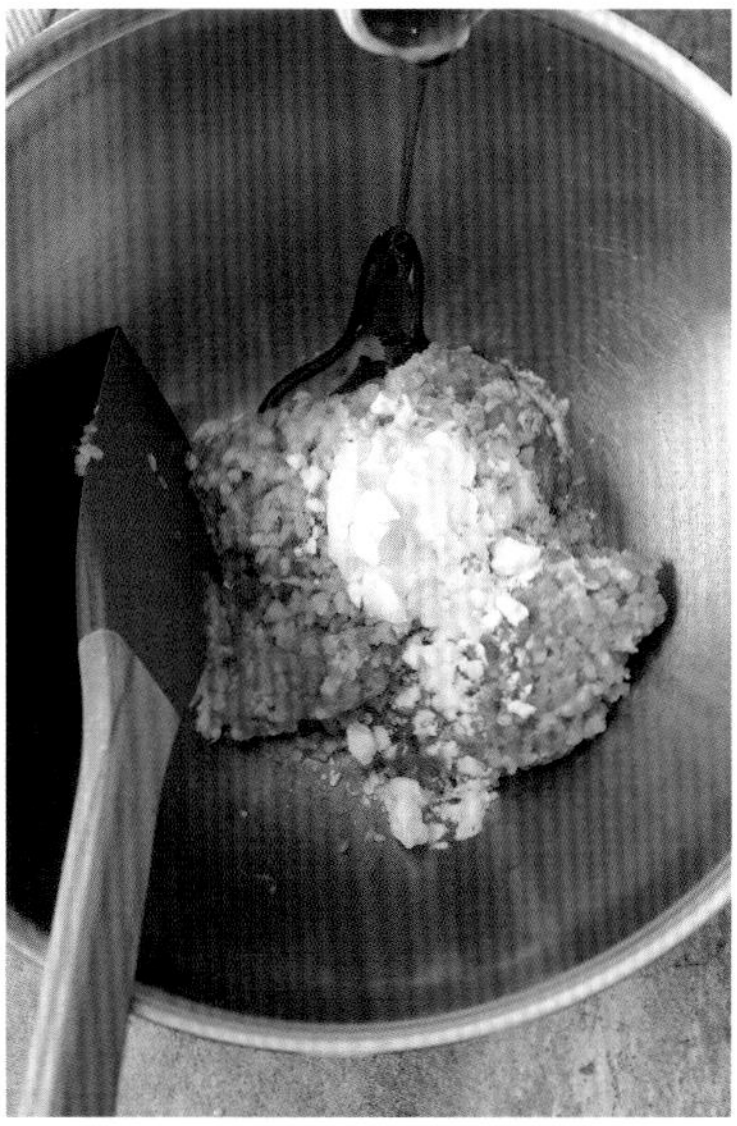

29日に作る

如意巻き

中国料理のひとつで、薄焼き卵に豚肉とかにのあんを如意形に巻いて蒸したもの。如意形とは中心に向かってふたつの渦巻きを作ることをいいますが、如意とは仏教のお坊さんが持つわらび形の道具で、願望を叶えるという意味があるそう。

かにと豚のうまみが溶け合った肉あんがおいしくて、我が家では、お正月やお祝い事があると作ってきました。きれいに仕上げるために、真ん中に竹串をおくなどの工夫を重ねて、このレシピになりました。肉あんは、粘りが出るまでよく混ぜると歯応えよくなります。

材料（2本分）

豚ひき肉　200g
かに肉　150g
しょうが　1片
長ねぎのみじん切り　大さじ2
片栗粉　大さじ2
酒　小さじ1
塩　小さじ½
薄焼き卵
　卵　2個
　塩　少々
　酒　少々
太白ごま油　適量

1 薄焼き卵を作る。ボウルに卵を割りほぐし、塩と酒を加えて混ぜ、一度漉す。

2 卵焼き器に太白ごま油を多めに入れて弱火でじっくり熱し、側面にも油をよくなじませてから、油をあける。余分な油をペーパータオルで軽く拭き取り、再び弱火にかけ、卵液の⅓量を流し入れて広げ、表面が乾いてきたら菜箸を底にすっと差し込み、転がすようにしながら底をはがして返す。さっと火を通し、返しながらザルの上に移して粗熱を取る。きれいに仕上げたいので、念のため3枚焼いておく。

3 かに肉はほぐし、しょうがはみじん切りにする。ボウルにひき肉、かに肉、しょうが、長ねぎ、片栗粉、酒、塩を入れ、粘りが出るまで手でよく混ぜる。

4 まな板の上に巻きす、ぬらしてかたく絞ったさらしの順におき、薄焼き卵1枚をのせる。片栗粉適量（分量外）を全体にふって刷毛でのばす。

5 ③のあんを半量より少なめにのせ、細いヘラなどで均一の厚さにのばす。巻きはじめになる両端は少し薄くする。

6 目印の竹串を、卵から少し出して左右中央におき、竹串に向かって両端からきっちりと巻いていく。ふたつの渦巻きが同じ大きさになるようにする。

7 竹串をはずし、ふたつの渦巻きの谷間に、残しておいたあんを詰め、しっかりと形を整えるように巻きすを使って巻き、さらしの両端をキャンディーの包みのようにキュッと絞る。これを2本作る。

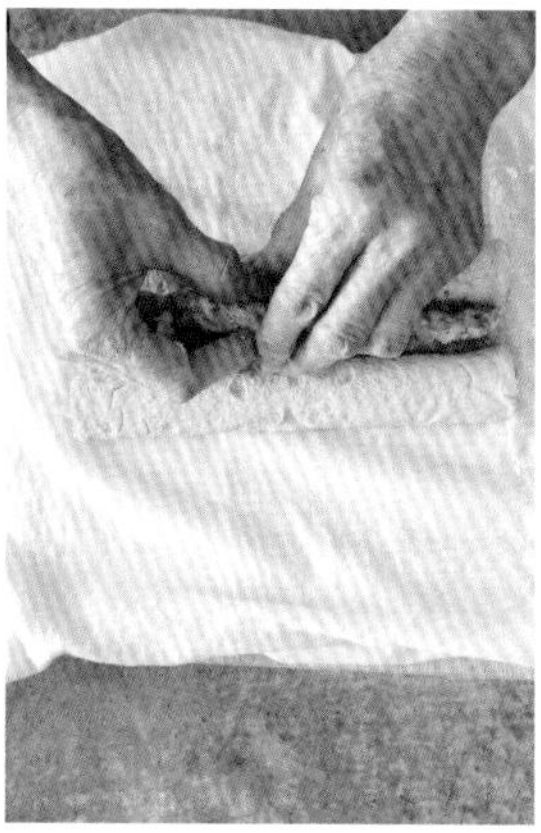
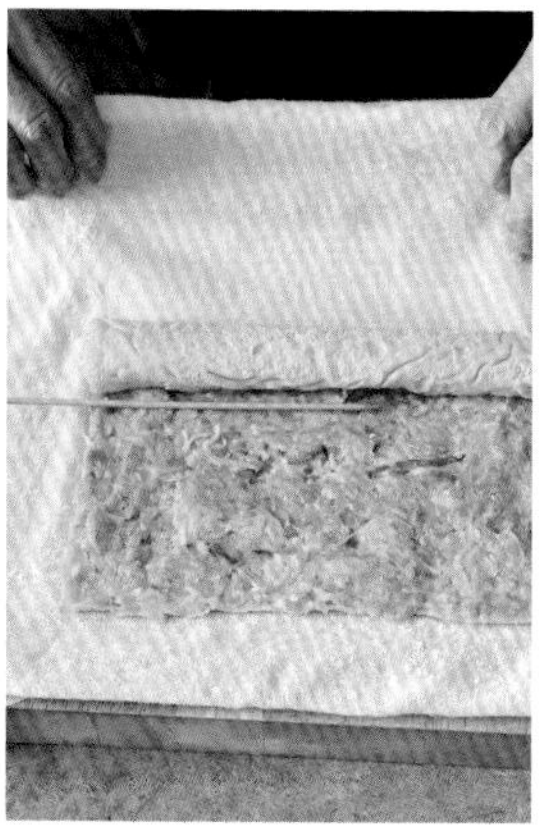

8
蒸気の立った蒸し器に入れ、20分ほど蒸す。蒸し上がったら、熱いうちにさらしをはずして冷ます。冷めたら、保存容器に移す。

●器に盛るときに食べやすい厚さに切り分ける。

29日に作る

岩石卵

材料は卵と砂糖と塩、といたってシンプル。色がきれいなので、いつの頃からか我が家のおせちに加わりました。卵の黄身の中に白身がゴツゴツと混じった様子から、岩石という名があります。だから、白身は形がわかるように、ざくざく粗めに切るのが特徴。また、それを際立たせる黄身のなめらかさもポイントです。

蒸しすぎると色が黒っぽくなってしまうので注意。蒸したあとガーゼをつけたままにしておくと取りにくくなるので、熱いうちにガーゼをはずして冷まします。だて巻きと同様いつも2本作っておきます。

材料（1本分）
卵　5個
上白糖　大さじ5〜6
塩　少々

1 卵はかためにゆで、さっと水につけて冷まし、殻をむく。ゆですぎると白身が黒ずむことがあるので、ゆですぎないようにする。黄身と白身に分ける。

2 黄身はボウルに入れ、熱いうちにゴムベラでつぶし、上白糖と塩を加え、押すようにしながらなじませ、ねっとりとするまで混ぜる。

3 白身は1〜1.5㎝角に切り、そのうち、厚みのある部分3〜4個分を使う。薄い白身は断面にしたときにきれいではないので使わない。

4 白身を黄身のボウルに入れ、混ぜ合わせる。色のバランスを見ながら白身の量を調整する。白身が多いとまとまりにくい。

5 巻きすの上に、ぬらしてかたく絞ったガーゼを広げてのせ、④を少しずつまとめて棒状にのせ、中の空気を抜きながら、手前からきっちりと巻いていく。ガーゼがよれないように気をつけ、ときどきピンとのばしながら巻く。直径2.5〜3㎝が目安。

6 巻き終わったら、巻きすを広げ、ガーゼの両端をキャンディーの包みのようにキュッと絞る。

7 巻きすの片側に岩石卵の端を合わせ、巻きすで巻き、合わせたほうを下にして立てる。細いめん棒などで押し、上下を逆にして同様に押し、岩石卵の中の隙間をなくす。

8 蒸気の立った蒸し器に入れ、7〜8分蒸す。蒸し上がったら、熱いうちにガーゼをはずして冷ます。冷めたら、保存容器に移す。

● 器に盛るときに食べやすい厚さに切り分ける。

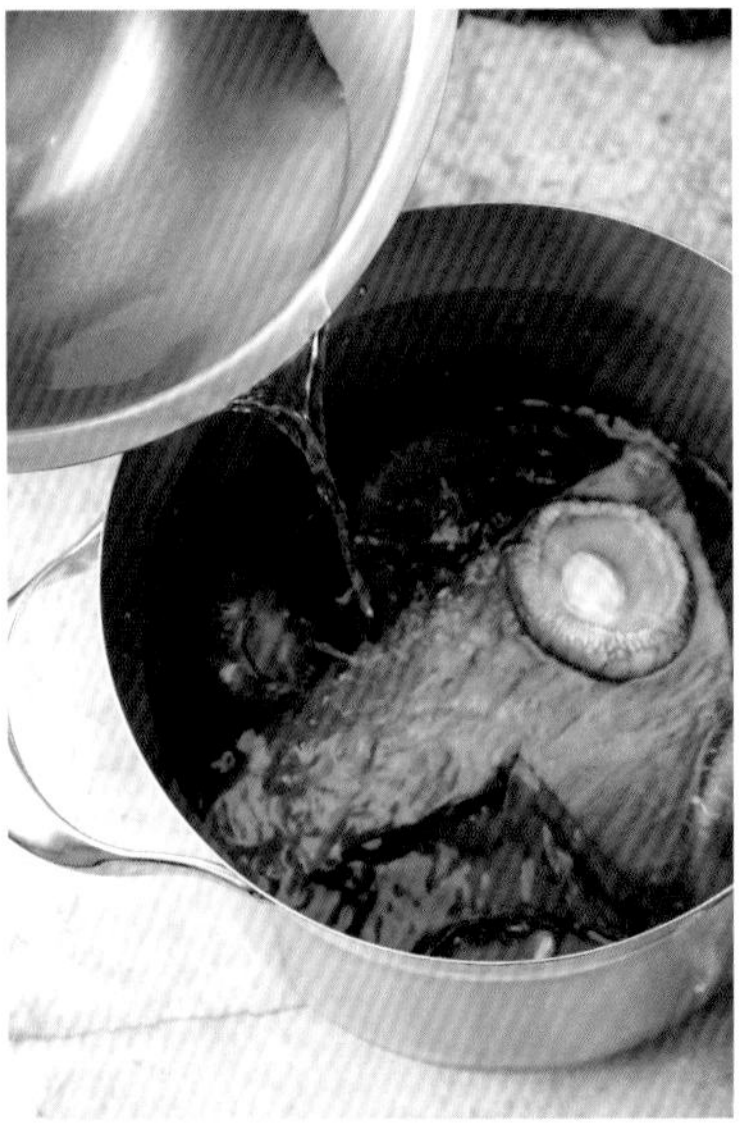

29日に作る

牛肉のしょうゆ煮

ボリュームのある肉料理が食べたい、そんなときのために作っておくのが、このしょうゆ煮。牛肉をかたまりのまま、昆布、しいたけとともにじっくりと煮込み、煮汁につけたままおいておきます。時間はかかりますが、手間いらずです。

おいしさのポイントは、まずは昆布、しいたけ、酒、水で煮て、牛肉がやわらかくなってから、しょうゆで味つけすること。ゆっくり煮込んだ牛肉はやわらか、うまみがじんわりしみた昆布としいたけも絶品。干ししいたけは肉厚の冬菇《どんこ》を使います。

材料（作りやすい分量）

牛かたまり肉（ブリスケ）　1kg

干ししいたけ（戻したもの＊）　7〜8個

昆布　10㎝長さのもの2枚

酒　1½カップ

しょうゆ　⅔〜1カップ

＊干ししいたけはボウルに入れ、たっぷりの水を加えて落としぶたをし、冷蔵庫に1〜2日おいてかたい部分がなくなるまで戻す。

1 戻したしいたけは軸を取る。戻し汁と軸はあとで煮つけるので取っておく（61ページ参照）。

2 鍋にしいたけ、昆布、牛肉を入れ、酒と水を1対2の割合でひたひたに注ぎ入れ、強火にかける。煮立ったらアクを取り除き、弱火で1時間半〜2時間煮る。水分が少なくなったらその都度酒または水（分量外）を足す。

3 牛肉がやわらかくなったらしょうゆを加え、さらに1時間半〜2時間コトコトと煮る。昆布がやわらかくなりすぎるようなら途中で取り出し、煮上がり30分ほど前に戻す。

4 火を止め、煮汁に浸したまま冷ます。冷めたら、煮汁ごと保存容器に移す。

○いただくときに、牛肉と昆布を大きめに切り分け、牛肉は手でざっくりとほぐし、鍋に入れて温め直す。

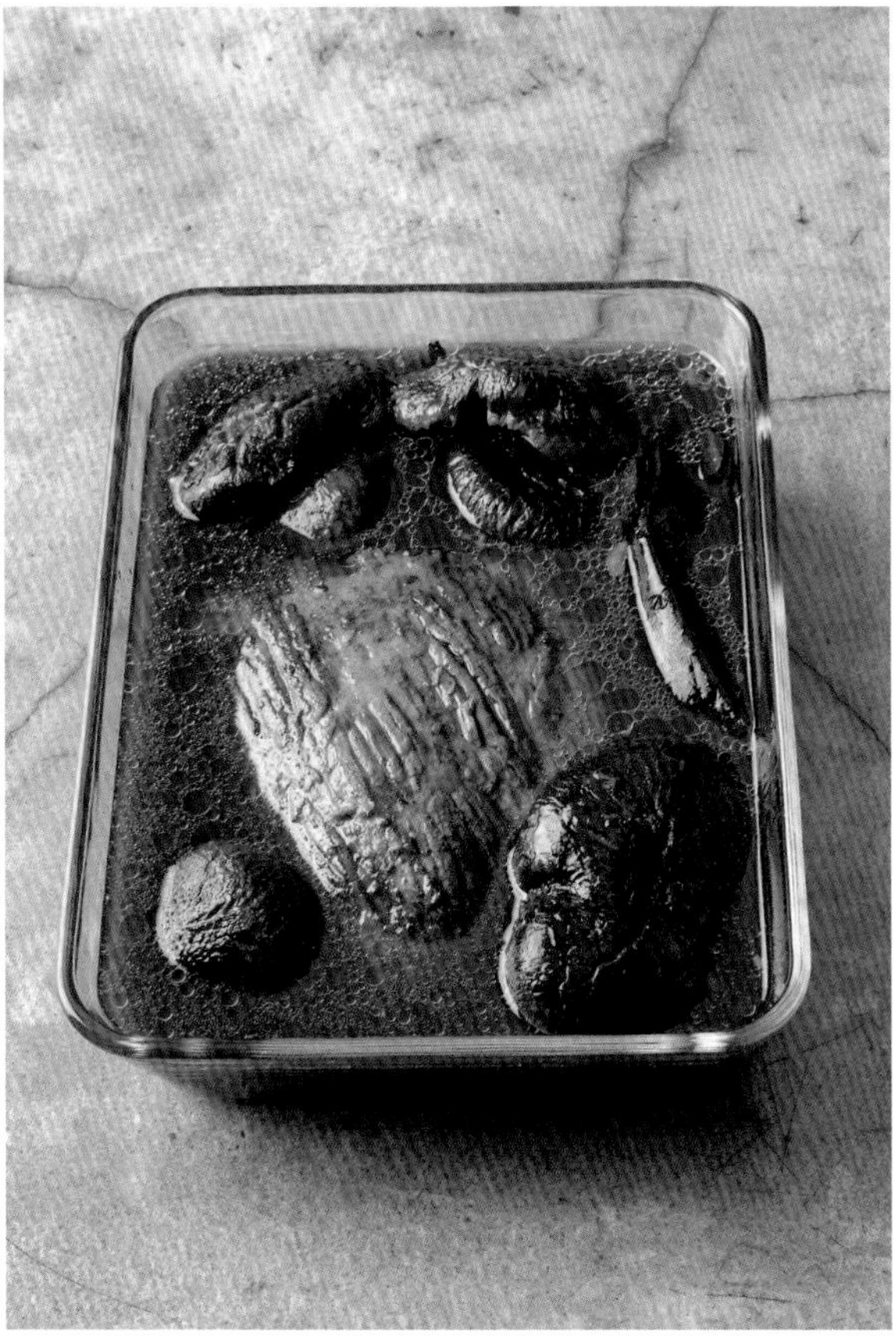
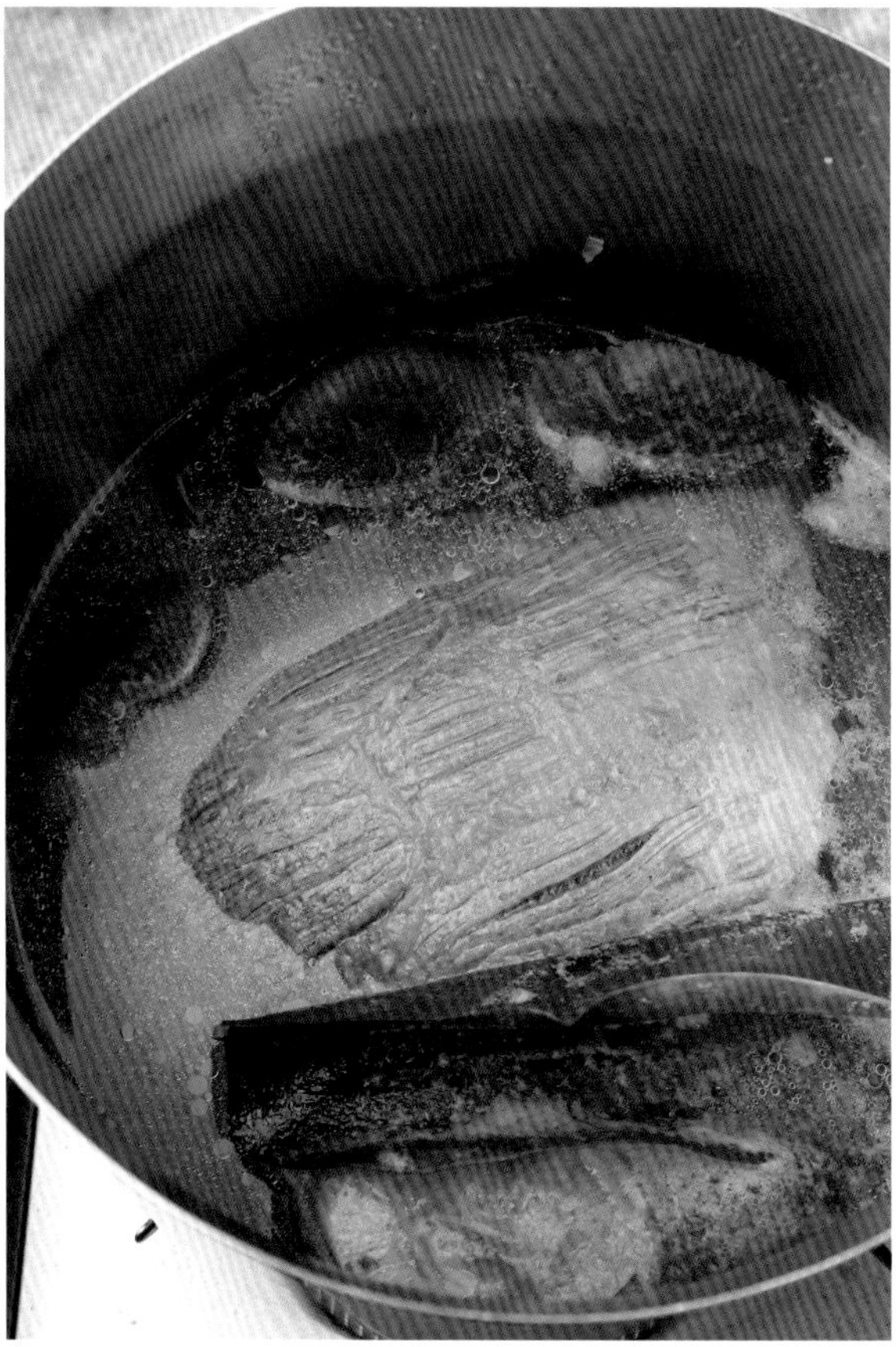

30日に作る

えびのうま煮

えびは、その長い髭や腰を曲げて進む様子から、腰が曲がるまで長生きするようにと、長寿を願う意味があります。また、赤い色は日の出のおめでたさに通じるとして、おせちには欠かせない食材です。

できれば活きたものを買い求め、煮すぎないように調理すると色もきれいなままでパサつかず、おいしくいただけます。せっかくの色を生かしたいので、しょうゆの量は香りづけ程度。鍋にえびを入れたらすぐにトングで「つ」の字になるように押さえ、あえて腰を曲げた形に仕上げるようにします。トングを使うと形がそろって、盛りつけたときにきれいです。

材料(10尾分)

- 車えびまたはさい巻きえび(活きたもの) 10尾
- だし汁 1½カップ
- 酒 ½カップ
- みりん 少々
- 塩 ふたつまみ
- しょうゆ 小さじ1くらい

1 鍋(鍋底と側面が90度に立ち上がっているもの)にだし汁、酒、みりん、塩、しょうゆを入れて火にかける。

2 煮立ったらえびを1尾入れ、すぐにトングで「つ」の字になるように押さえ、形が落ち着いたらトングをはずす。残りも同様にする。

3 えびの色が変わったら弱火で4~5分煮て、火を止める。煮すぎは禁物だが、生だと腹ワタの部分が黒くなるので、中までしっかり火を入れる。

4 煮汁に入れたまま冷まし、味をじんわりと含ませる。

5 冷めたらえびをそろえて保存容器に入れ、かぶるくらいの煮汁を注ぎ入れる。

● 器に盛るときにペーパータオルで汁気を拭き取る。

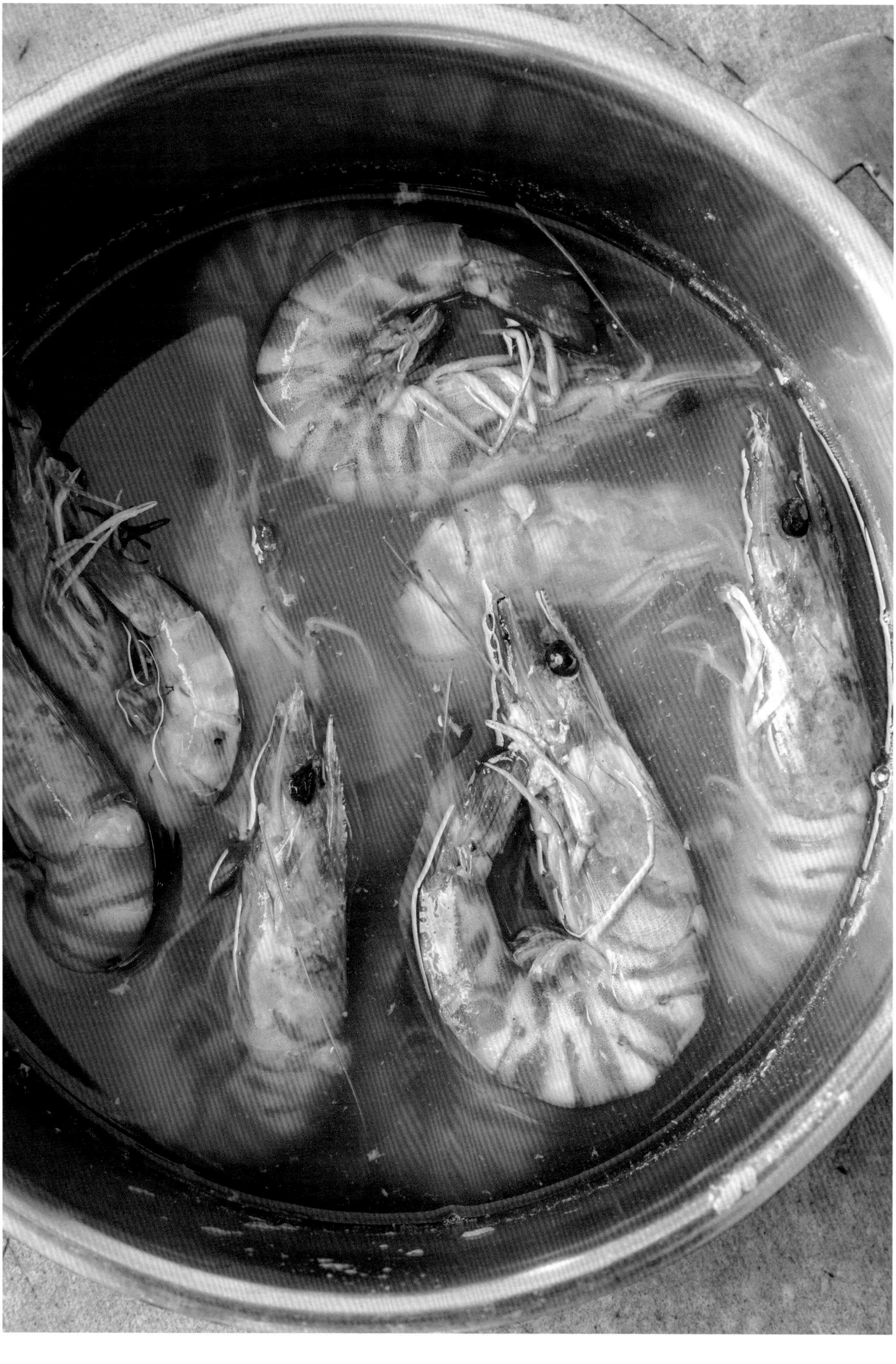

30日に作る

れんこんの甘酢炒め

れんこんは穴がいくつもあいているので、一年の見通しがいいとの縁起をかついでお正月にいただきます。私はれんこんのシャキシャキ感が好きなので、輪切りではなく、縦に棒状に切って使います。そのほうが繊維をこわすことなく、より軽快な食感が味わえます。

我が家はもっぱら甘酢で炒めるスタイル。酢を入れると風味がプラスされ、酸っぱさよりもうまみを感じる仕上がりになります。

材料(作りやすい分量)

れんこん　2節
赤唐辛子　2本
太白ごま油　適量
酒　大さじ2
米酢　大さじ2
メープルシロップ(ゴールデン)　大さじ2
しょうゆ　大さじ2

1 れんこんは皮をむき、5cmの長さに切ってから1cm角の棒状に切る。酢水(酢が多め。分量外)に5分ほどつけ、ザルに上げて水気をきる。

2 赤唐辛子は種を除いて輪切りにする。

3 鍋に太白ごま油を熱してよくなじませ、れんこんを入れ、強めの中火でよく炒める。

4 酒、米酢、メープルシロップ、しょうゆを加え、れんこんが透き通って汁気がなくなってくるまで炒める。

5 赤唐辛子を加え、汁気を飛ばすようにさらに炒める。

6 汁気がなくなったらバットにあけて広げ、冷ます。冷めたられんこんの向きをそろえて保存容器に移す。

30日に作る

スモークサーモンの大根巻き

スモークサーモンの紅色と大根の白色のコントラストが鮮やか。ほかのおせちと一緒に盛り合わせても、小皿にのせて酒の肴としてお出ししても、それだけでお正月らしさを演出できるのが魅力です。

サーモンの身の厚さがおいしさになるので、スライスしたものでは力不足。私は、身が厚くておいしい半身の紅鮭のスモークサーモンを使い、ちょっと贅沢に仕上げます。大根はかつらむき。薄く長くむいた大根でスモークサーモンを巻けば、しっかりときれいな形に仕上がります。

材料（8本分）
大根（太い部分）10cm
スモークサーモン（身の厚い部分）適量
ゆずの皮　適量
赤唐辛子　適量
昆布　適量
米酢　適量

1 大根は5cm長さに切り、皮を厚めにむく。大根を回しながら薄く長くむいていき、1枚が20cmほどの長さになるようにし（かつらむき）、これを8枚作る。濃いめの塩水につけてしんなりさせる。

2 スモークサーモンは大根と同じ5cm長さに切り、皮の部分を薄く切り落として1～1.5cm角の棒状に切る。これを8本作る。

3 ゆずの皮はせん切りにする。赤唐辛子は種を除いて水につけてやわらかくし、縦せん切りにする。

4 大根1枚をペーパータオルの上にのせて水気を拭き取り、手前に赤唐辛子少々、ゆずの皮少々をおき、スモークサーモン1切れをのせ、巻く。残りも同様にして巻く。

5 保存容器に④を入れ、昆布を容器のサイズに合わせてキッチンバサミで切って2枚のせる。米酢をひたひたに加え、冷蔵庫に入れて味をなじませる。

● 器に盛るときは、汁気を拭き取って半分に切り、断面を上にして盛る。

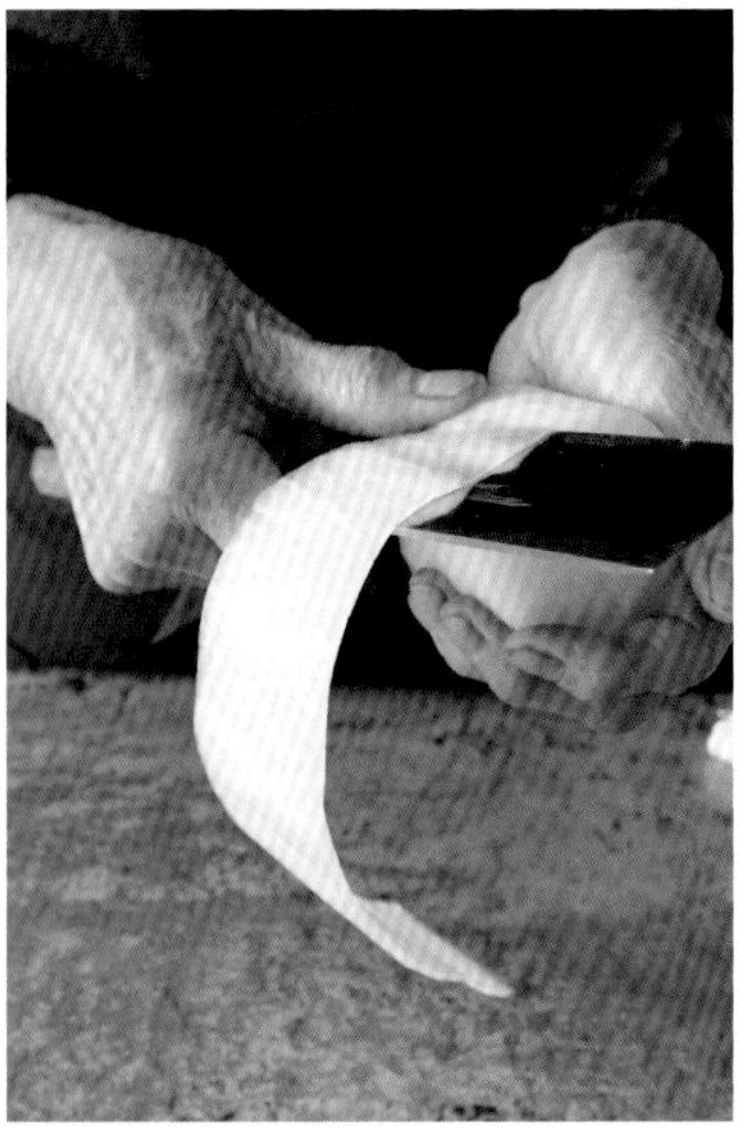

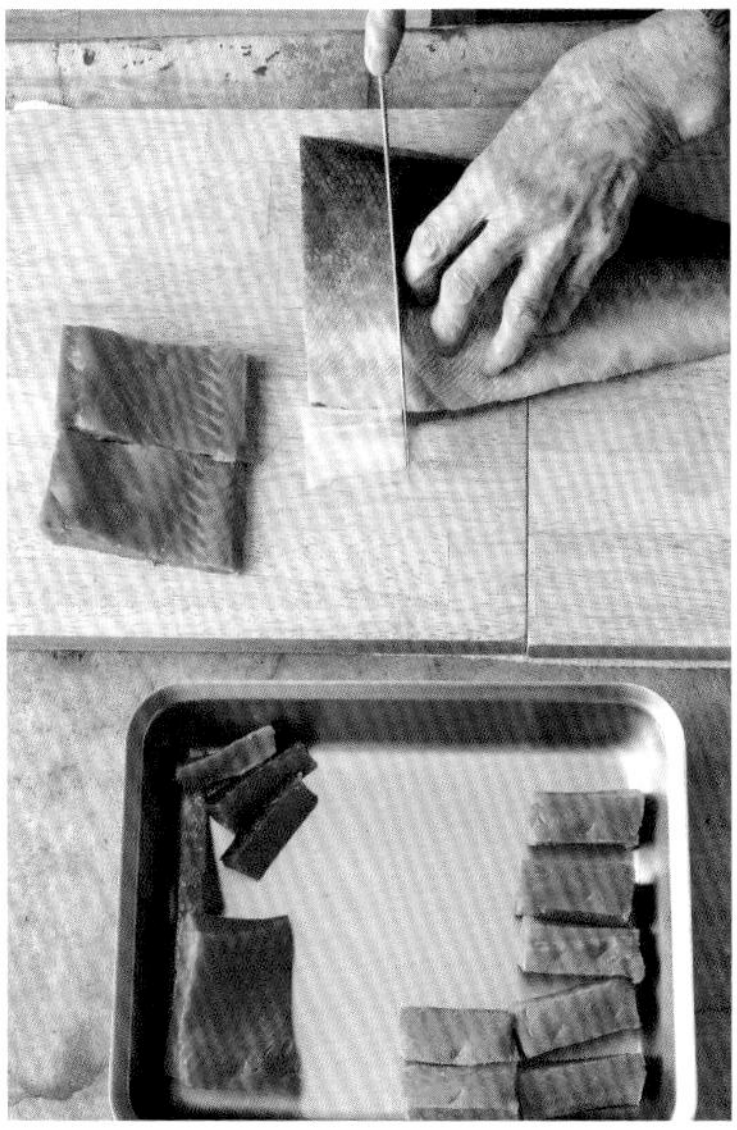

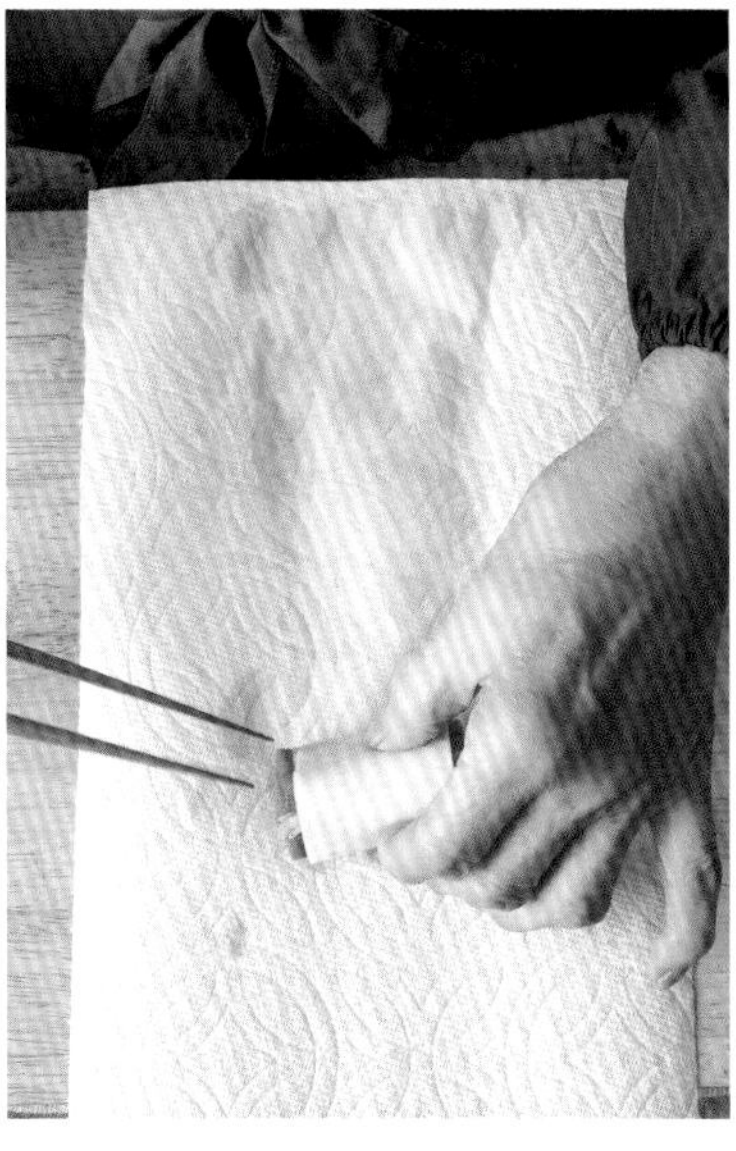

30日に作る

鯛と貝割れ菜の昆布じめ

しめさばと並んで欠かせない料理が鯛の昆布じめ。刺し身も昆布じめにすると日持ちがし、作って冷蔵庫に入れておけば、前菜や酒の肴に重宝します。作った翌日にいただきますが、さらに冷蔵庫に入れておくとあめ色になって、それもまたおいしいものです。

また、鯛を昆布じめにするときに一緒に仕込んでおくのが、貝割れ菜の昆布じめ。貝割れ菜を昆布じめに!? と思われるかも知れませんが、昆布のうまみを受け止めた貝割れ菜が思いのほかおいしくて、いつの間にかこのセットが定番になりました。

材料（作りやすい分量）

鯛の刺し身　1尾分または2さく

塩　適量

米酢　少々

酒　少々

貝割れ菜　2パック

昆布（利尻、真昆布、幅の広い日高）適量

1 昆布を水にさっとくぐらせ、ポリ袋に入れて30分～1時間おいて湿らせ、ほどよいやわらかさにする。

2 鯛の昆布じめを作る。鯛は両面に塩適量をふって冷蔵庫に入れ、1時間ほどおく。

3 バットに米酢と酒を入れ、鯛をくぐらせる。昆布を広げ、鯛をのせ、昆布を折りたたむようにして上にかぶせ、ラップで隙間のないようにきつく包む。これを2本作る。

4 貝割れ菜の昆布じめを作る。昆布の上に根元を切った貝割れ菜を広げておき、塩少々をふり、手前からひと巻き半しっかりと巻く。巻き終わったら余分な昆布をキッチンバサミで切り落とし、ラップできつく包む。

5 鯛と貝割れ菜をバットに入れ、冷蔵庫に入れて最低ひと晩おく。

● 器に盛るときに、鯛をそぎ切りにし、貝割れ菜を添える。

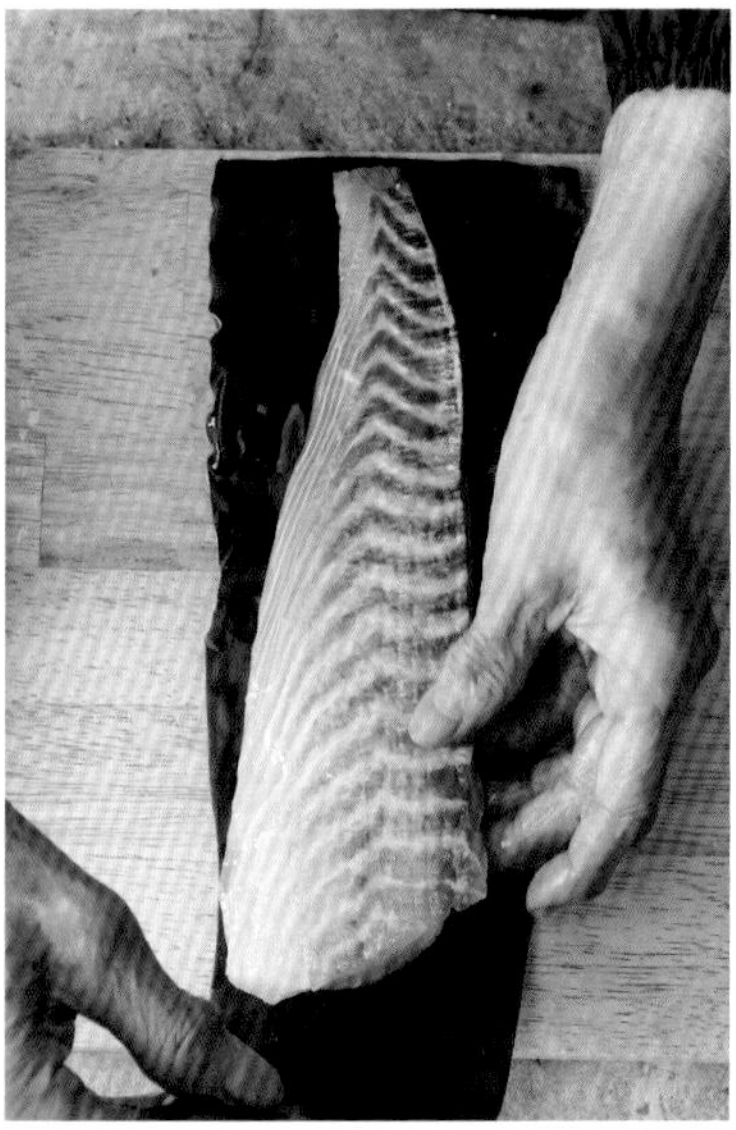

昆布じめに使った昆布は 鯛の味がする つくだ煮にします。 これが絶品です。

1 昆布じめに使った昆布を2cm角くらいに切って鍋に入れ、干ししいたけの軸7〜8個分（ここでは52ページで取り除いたもの）があれば、食べやすい大きさに切って入れる。

2 ①にしいたけの戻し汁または水、酒適量を加えてかぶるくらいにし、みりん適量を入れて弱火で煮る。汁気が少なくなってきたらしょうゆ適量を加え、昆布がやわらかくなるまでよく煮る。

30日に作る

百合根の茶巾

百合根は、鱗片がたくさん合わさっていることから、「年を重ねる」「子孫繁栄」などの意味が込められている縁起もの。土の中から掘り出したばかりの百合根は真っ白で、傷ひとつなく、まさにお正月にふさわしい素材といえます。

私は、そんな百合根の上品な甘さとほくほく感を感じる、白い茶巾を作ります。材料はとてもシンプル。百合根、砂糖、塩。砂糖は、百合根の白さを生かしたいので、このときばかりは真っ白ですぐに溶ける上白糖を使います。

材料(作りやすい分量)

百合根　大2個
上白糖　大さじ1〜1½
塩　ひとつまみ

1 百合根はオガクズや汚れを水で洗い流し、根のまわりに包丁を入れてえぐり取り、鱗片を1枚ずつはがし、水に入れて内側の汚れを取る。根に近い茶色い部分は削り取り、水にさらす。

2 ザルに入れて水気をきり、全体を真っ白にし、蒸気の立ったセイロに入れてやわらかくなるまで蒸す。

3 飾り用を適量残してフードプロセッサーに入れ、上白糖と塩を加え、なめらかになるまで攪拌する。

4 冷めたら保存容器に移す。

● 器に盛るときに、茶巾に包む。ガーゼを水でぬらしてかたく絞って広げ、④の百合根を適量のせ、手で茶巾に絞る。ガーゼをそっとはずし、残しておいた百合根1枚を差し込むようにして飾る。

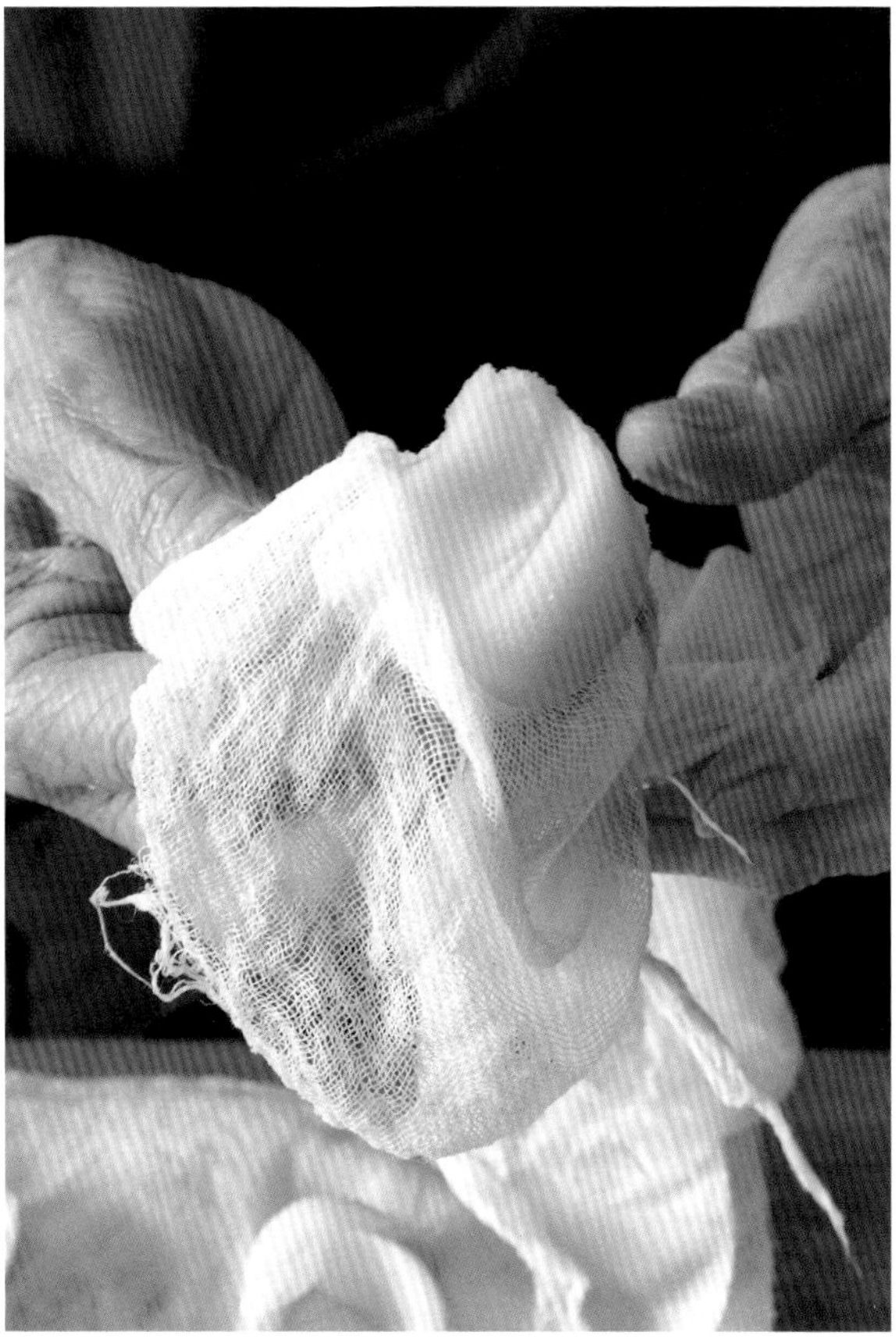

30日に作る

くわいの素揚げ

くわいは、球根から突き出た芽を「芽出たい（めでたい）」、また、空に向かってまっすぐ伸びた芽を出す姿が「立身出世」を連想させる縁起もの。だから、形をくずさずに料理するのが基本です。

大きめのものはじっくり煮含めるのもいいですが、小さいものは素揚げにします。この形のまま黄金色に揚げると香ばしく、ホクホクとして独特の食感が楽しめます。

材料（作りやすい分量）

くわい（小粒）　200g

揚げ油　適量

塩　少々

1 くわいは水でよく洗い、茎をきれいに掃除して、上部を少し切り取る。よれた外側の皮を取り除く。下の部分が平らになるように少し切り、しばらく水に浸してアクを取り、ペーパータオルで水気を拭き取る。

2 揚げ油をやや高温に熱し、くわいを入れ、黄金色になるまで揚げる。食べてみて、ホクホクになっていたらOK。

3 油をきり、塩をふる。

4 冷めたら、芽の部分を上にして保存容器に移す。

30日に作る

お多福豆の抹茶揚げ

お多福豆は、一寸豆と呼ばれる大型種の乾燥そら豆を、黒く甘く仕上げた煮豆。そのおめでたい名前にちなんで、毎年お正月にいただきます。

このままでもおいしいですが、抹茶の衣をつけて揚げてみたら、抹茶のほろ苦さが加わって、みんなから大好評。おせち料理のいいアクセントになります。ゆっくり揚げるとくっつかず、上手に仕上がります。

材料（作りやすい分量）

お多福豆（市販のもの）　12個

衣

＝小麦粉　大さじ6

＝抹茶　小さじ1

＝水　適量

揚げ油　適量

1 ボウルに小麦粉と抹茶を入れて混ぜ、水を少しずつ加えて練り混ぜ、衣を作る。少し薄めに溶くと、きれいな緑色に揚がる。

2 揚げ油を低温に熱し、お多福豆を1粒ずつ衣にくぐらせて入れ、衣がカリッとするまで揚げる。くっつかないように、少量ずつ揚げる。

3 油をきって冷ます。冷めたらペーパータオルを敷いた保存容器に移す。

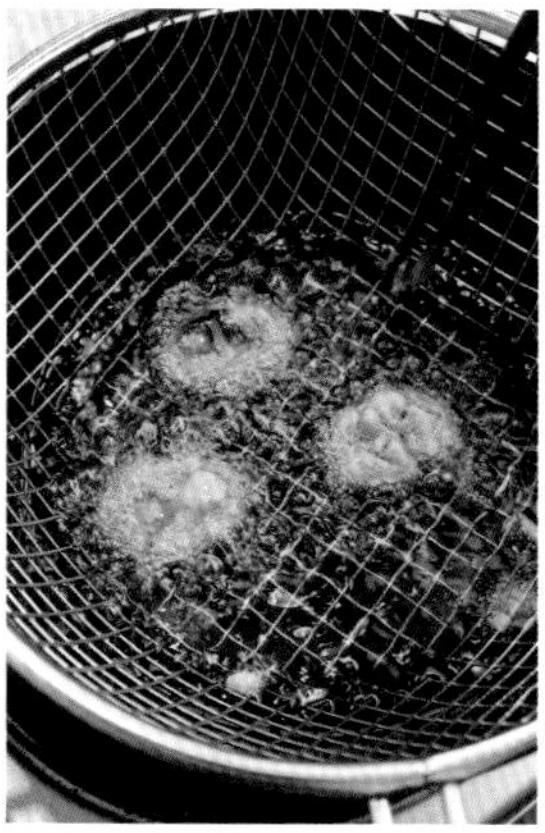

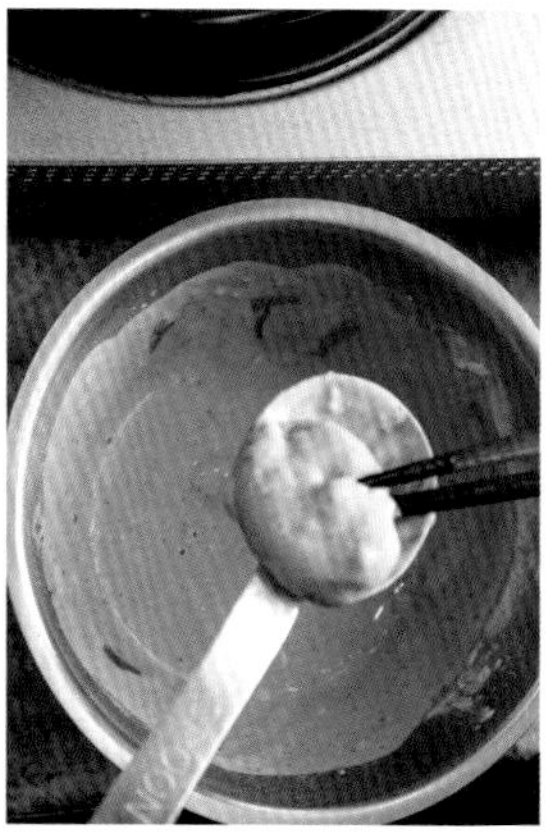

我が家のお煮しめ

お煮しめは、縁起をかついださまざまな具材をひとつの鍋で煮ることから、「家族が仲よく結ばれ、末長く繁栄するように」との願いが込められています。入れる具材、味つけ、煮しめ方など、それぞれの家庭の味があるのが特徴です。

日持ちがするようにしょうゆで濃いめに味つけするのが一般的ですが、我が家のお煮しめは砂糖やみりんで甘くせず、だしを効かせて仕上げます。私が母から引き継いだ味で、大人になって、そんなうちは珍しいと聞いたときはとても驚いたものです。

たっぷりのおいしいだしで具材にだしの味をしっかりと含ませることで、それぞれの野菜本来の味が際立ってくるような気がします。煮汁も一緒に楽しみたいので、重箱には入れず、大鉢に盛っていただきます。

鍋に入れたまま年越しし、温め直してテーブルへ。冷蔵する場合は、煮汁ごと保存容器に移して冷蔵庫へ。

材料（作りやすい分量）

大根　1本
にんじん　2本
れんこん　1節
干ししいたけ（戻したもの＊）　5個
里いも　7〜8個
こんにゃく　大1枚
厚揚げ　2枚
絹さや　適量
だし汁＊＊　3.5ℓ
酒　½カップ
しょうゆ　大さじ2〜3
塩　適量

＊干ししいたけは厚みのある冬菇《どんこ》を使用。ボウルに入れ、たっぷりの水を加えて落としぶたをし、冷蔵庫に1〜2日おいてかたい部分がなくなるまで戻す。
＊＊だし汁は煮ていくうちに少なくなり、随時足していくので、4〜5ℓ用意。

1　大根は3㎝厚さに切って筋の内側まで皮をむき、大きいものはいちょう切り、小さめのものは半月切りにし、面取りする。鍋に米糠適量（分量外）とたっぷりの水を入れてかき混ぜ、大根を入れ、大根に竹串がすっと刺せるくらいやわらかくなるまで弱〜中火でゆでる。大根がやわらかくなったら洗って米糠を落とし、水気をきる。

2　にんじんは皮をむいて1㎝厚さの輪切りにし、梅型に抜く。

3　れんこんは皮をむいて1〜1.5㎝厚さの輪切りにし、酢水につける。

4　戻したしいたけは軸を切り取る。

5　里いもはたわしで洗ってよく乾かし、上下を少し切り落とし、皮ごと六角にむく。ペーパータオルで拭いてぬめりを取る。

6　こんにゃくは水から下ゆでし、両面かのこに細かく切り目を入れ、8等分に切る。

7　厚揚げは熱湯をくぐらせ、4等分に切る。

（68ページへ続く）

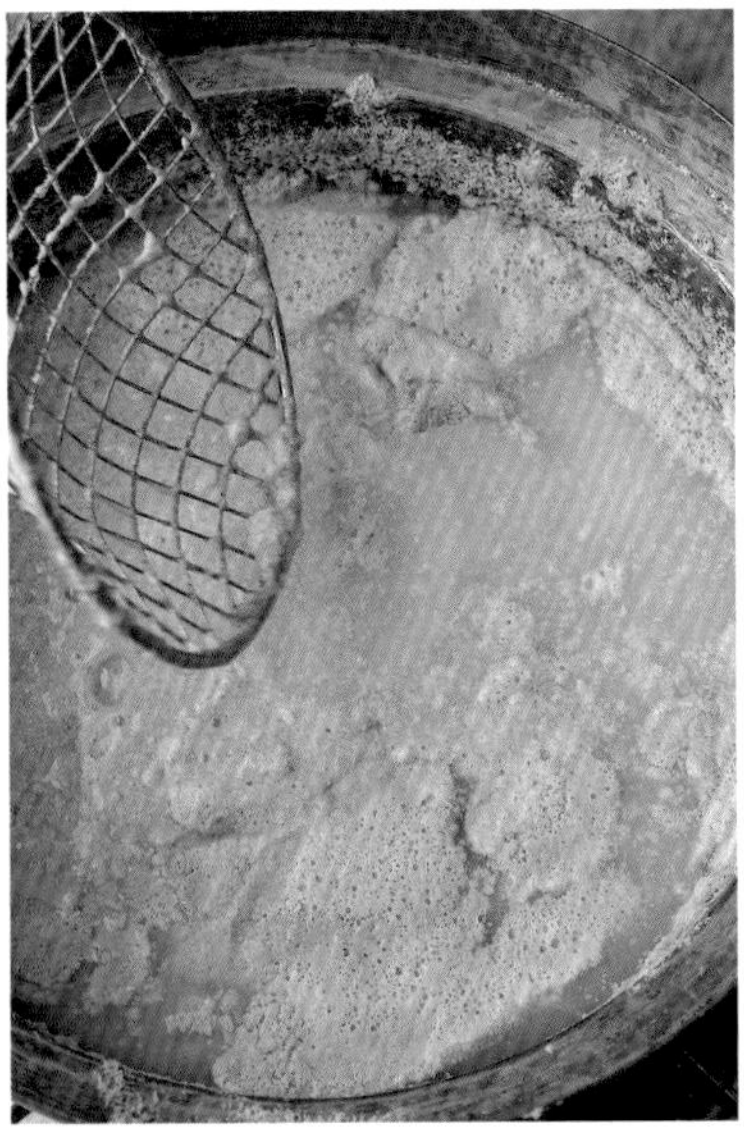

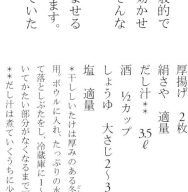

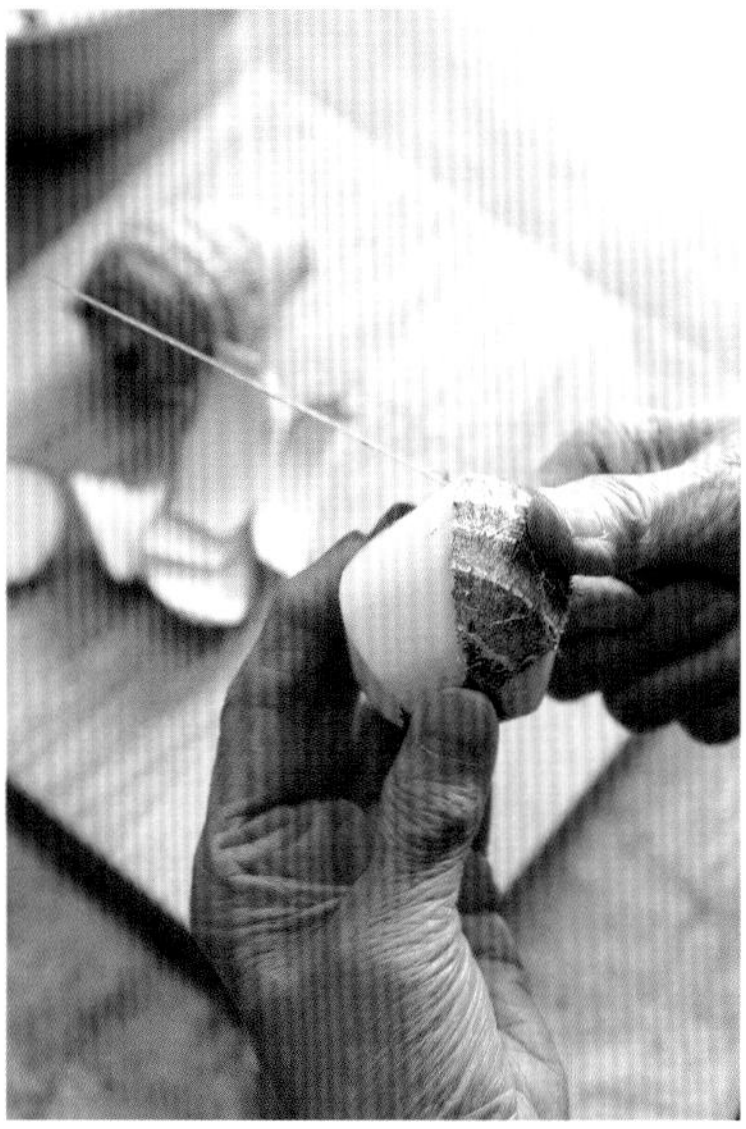

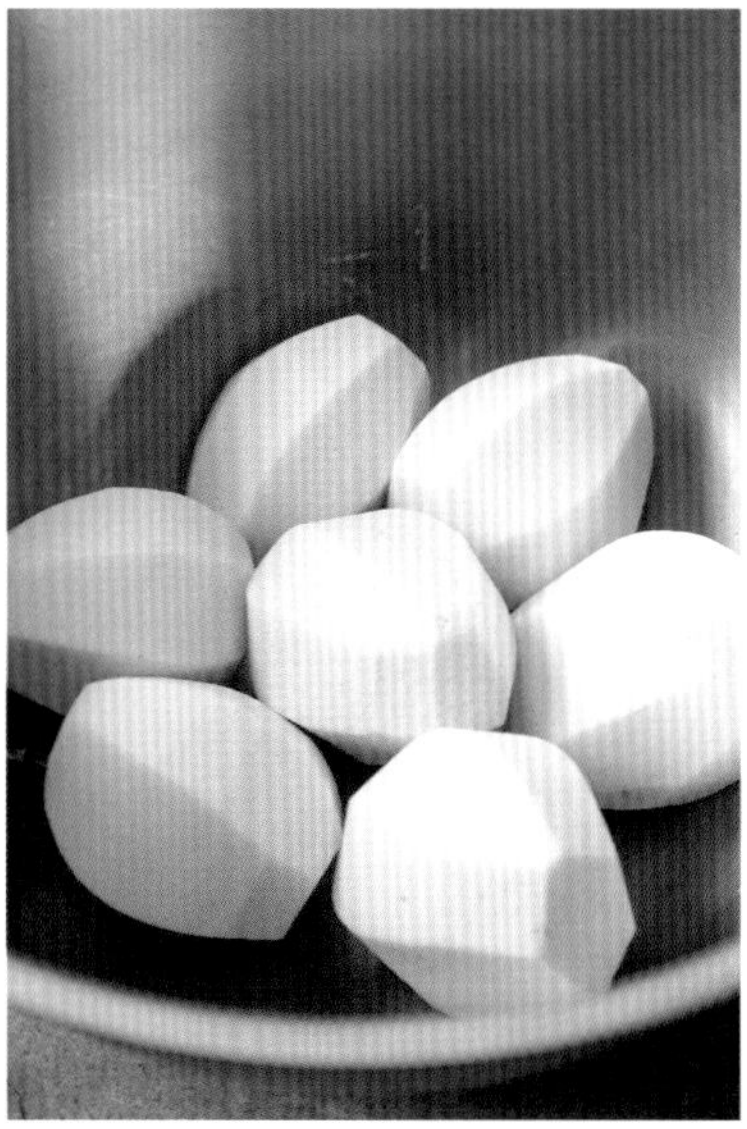

（66ページより続く）

8 絹さやは太いほうの筋を取り、氷水につけてシャキッとさせ、塩少々を加えた湯でさっとゆで、氷水に取ってザルに上げる。

9 鍋に、しいたけ、こんにゃく、にんじんを入れ、だし汁をかぶるくらい注ぎ入れて火にかける。煮立ってきたら、酒、しょうゆ大さじ1、塩小さじ½を加え、ふたを半ずらしにして弱火で少し煮る。はじめは薄味で煮る。

10 れんこん、里いも、厚揚げを加え、だし汁適量と塩少々を足し、ふたを半ずらしにして弱火でしばらく煮る。

11 大根を加え、だし汁適量を足し、ふたをして弱火で煮る。煮る時間は合計1時間ほど。すべての具材がやわらかくなるまで、静かに煮ることが肝心。煮ている途中で随時味をみて、味を調えていく。

12 火を止め、ふたを少しずらしてのせ、味を含ませる。冷めていく間に味がじんわりしみていく。

13 器に盛る前に温め直し、具材を盛って煮汁を注ぎ入れ、仕上げに絹さやをあしらう。

おせち作りに活躍する、道具

セイロ

調理中の水分を適度に吸収するので、金属製の蒸し器のように水滴で水っぽくなりません。二重に編んだ竹のふたなので、蒸気を適度に保ち、適度に逃す、すぐれものです。

大サイズの銅鍋

銅鍋は熱の伝わり方がやさしいので、じっくり火を通したい煮ものに最適。おせちのようにちょっと多めに作るものは、直径が大きめのものが使いやすい。浅い鍋、深い鍋など、少しずつそろえたい。

卵焼き器

だて巻きにはこのサイズが必須。このままオーブンに入れられます。銅製でも鉄製でも。

揚げ鍋

揚げカゴと油はね防止ネットがセットになっているものが便利。2度揚げがしやすい。

小〜中サイズの銅鍋

ゆでたり、炒ったり、炒め煮にしたり。段つきの両手鍋がサイズ違いであると便利。段つきのものは木ぶたが使えます。私は銅鍋を使っています。

ステンレスバット

バットは下味をつけたり、漬け汁に浸したりするときに。角ザルとプレートがセットで使えると、揚げものの油をきったり、仕上がった料理の熱を冷ましたりもできます。プレートはふたになるので、冷蔵庫で重ねて保存ができます。

ステンレスボウルとザル

ボウルは小と中の2サイズがあると便利。ザルも小と中、さらに平ザルがあると水きりなどに活躍します。ザルは漉し器としても使えます。

煮る、蒸す、焼く、揚げる。
和食の基本調理には、
おいしく仕上がる道具を選ぶようにします。
また、和食は下ごしらえが重要なので、
使い勝手のいいキッチンツールを
そろえることも大切です。
普段からいい道具に接していると、
料理を作ることが楽しくなります。

さらしとガーゼ

さらしはだしをとったり、巻きものを作るときに必須。ガーゼは追いがつおや、岩石卵のようなやわらかいものを巻いて蒸すときに使います。

ステンレスプレート

ボウルと同サイズのプレートは、下ごしらえの仕分けに活躍。ボウルのふたにもなり、冷蔵庫で重ねて保存ができます。スペース節約にも。

盛りつけ箸とゴムベラ

先の細い盛りつけ箸は豆を盛ったり、あしらいを添えたり、細かい作業をするときに。ゴムベラはしなりすぎず、かたすぎず、ボウルやフライパンにフィットするなめらかなカーブと大きさのものを。

巻きすと鬼すだれ

巻きすは海苔巻きなどの巻きものに使う一般的なもので、如意巻きや岩石卵の成形に使います。鬼すだれはだて巻きの成形に欠かせない道具。

小さい板

少量の野菜を刻んだり、香味野菜や赤唐辛子、ゆずなど小さなものを扱うときに便利なのが、まな板代わりの小さい板。まな板として売っているものを使ったり、和菓子やつくだ煮が入っていた木箱のふたを活用することも。

正方形(小)のまな板と包丁

まな板は常に清潔にしておきたいけれど、調理中に大きなまな板を何度も洗うのは大変。このまな板ならその繰り返し作業が楽。包丁は、柄がオリーブ材の三徳包丁、菜切り包丁、牛刀、ペティナイフ。最低限、三徳包丁とペティナイフがあれば。

おせち料理に欠かせない、あしらい

青かいしき（緑の葉）

南天

漢字で書くと南天ですが、これを「難転」として、災難にあわないようにという願いが込められています。枝つきのまま重箱や大皿に盛ったおせちの上にのせると、ダイナミックで華やかな印象に。

裏白

裏が白いことから「心に裏表がない、清廉潔白」とされる、お正月ならではの葉。鏡餅の下に敷くときは裏側を上に、おせちの盛りつけに使うときは、表を上にした方がきりっとした印象になります。

笹の葉

抗菌や殺菌の効果があるので、魚料理やおすしの下に敷いたり、巻いたりして使います。

松葉

常緑で葉の色が一年中落ちないことから、不老長寿の縁起ものとされています。黒豆を刺したり、バラして料理の下敷きにします。

ひかげのかずら

昔から神事などに用いられてきた葉で、寒い冬の季節でも青々しく、皿に添えると料理をおいしそうに見せてくれます。

ゆずり葉

古くから輪飾りに使われてきた葉で、新しい芽が出てから古い葉が落ちることからこの名があり、子孫繁栄のおめでたい葉という意味がありま

おせち料理を華やかに演出してくれるのが、あしらい。特別なものや派手な演出をしなくても、ちょっとしたあしらいを添えるだけで、きりっと引き締まった雰囲気になります。ここで紹介するのは、料理の下に敷いたり添えたりする「かいしき」。紅白を意識したり、自然の植物の葉をあしらったりすることで、料理を引き立たせ、味を隣に移さないための仕切りにもなります。

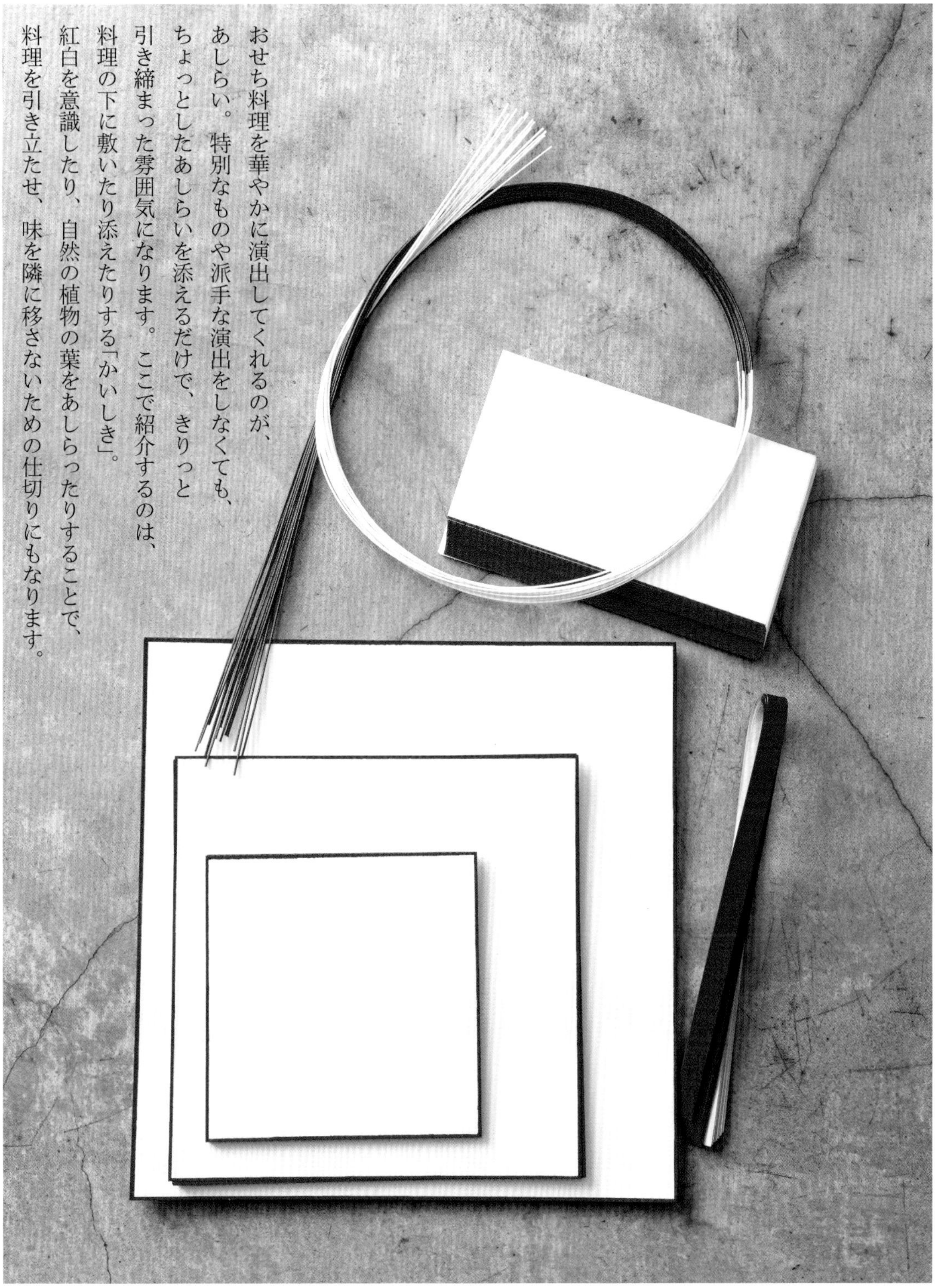

す。味の違う料理の仕切りなどに使います。

つくばねの実

羽根つきの羽根に似た実で、お正月の縁起もの。冬芽は茶色で、見た目が可愛らしく、アクセントになります。

つまもの

いわゆる「つまもの」は、料理にちょっと添えて、季節感や見た目の美しさ、バランスなどを演出するためのもの。南天、松葉、葉椿などのほか、すだちや青ゆずの皮、木の芽など。おせちの盛りつけに立体感やリズム感を作ってくれます。

紅白の水引や和紙

水引

祝い箸の箸袋に結んだり、おせちをお裾分けするときに箱に入れてキュッと縛ったり。リボン代わりに使います。

懐紙

お菓子をのせてお皿代わりに使ったり、紙ナプキン代わりにテーブルセッティングに使います。

色帯

水引の代理として簡易的な包装に使えるほか、ぽち袋や箸袋の装飾に使います。

四方紅

大・中・小などのサイズがあり、鏡餅の下に敷くほか、平皿の上に敷いてお菓子をのせたり、使い方はさまざま。大きいサイズはランチョンマットとして使っても。

おせちコーディネート

昔ながらのお重箱にきれいに詰めたおせちもいいとは思いますが、お重箱は思った以上に深さがあり、おいしく見せようとすると、かなりの量を詰めることになります。そこで、私が使っているのは、少し小ぶりで浅めのタイプ。しきたり通りに詰める必要はなく、お皿感覚で使えるので自由に盛りつけることができます。重ねることが前提でないので、葉らんや料理がお重箱からはみ出していても大丈夫です。

箱に詰めた美しさとおいしさは唯一無二。お重箱に限らず、縁高や銘々箱に1人分ずつ盛りつけたり、お弁当箱に詰めても素敵です。

お重箱ほど仰々しい感じにしたくないときは、大皿に盛り合わせます。お正月のあしらい(72・73ページ)をすれば、十分に寿ぎの食卓となります。

お重に詰めて

このお重箱は、約18×19×高さ4cmの浅めのタイプ。浅いと器感覚で使えるので盛りつけやすく、おいしそうに仕上げることができます。隙間なく詰める必要はなく、また、どこに何を詰めるかも、昔ながらの決まり事に縛られる必要はありません。青かいしき(72ページ参照)をあしらったり、笹の葉をくるりと巻いたカップを使うと、見た目に変化がついて華やかになります。

お重に入れた料理は、定番のおせち24品(牛肉のしょうゆ煮以外すべて)、ゆでぎんなん。

大皿に盛り合わせて

元日はお重に詰めてテーブルへ。2日目は気分を変えて、手持ちの大皿に盛ってみましょう。大皿というのは1尺＝10寸＝約30㎝。複数のおせち料理を盛り合わせるのには最適です。これはさらに大きい直径約40㎝の灰釉《かいゆう》の大皿。主張が強すぎず、それでいて存在感があるのが魅力です。おせちを彩りよく盛り込んで、竹筒も使って趣を出し、最後に南天をのせればご馳走感たっぷり。

大皿に入れた料理は、定番のおせち24品（牛肉のしょうゆ煮以外すべて）。

縁高に盛って

縁高《ふちだか》は縁高重の略語で、菓子椀に代わる正式な主菓子器。折敷《おしき》の縁を高くした形のものを、通常五つ重ねて一組とし、最も上にふたがつきます。この縁高を、菓子器として使うだけでなく、おせちの1人盛り用の器として使うのもおすすめです。これは約20×19×高さ5㎝のもので、色は黒。黒色は料理がきれいに見え、華やかさが出ます。この縁高におせちを盛り、折敷の上にセットして祝い箸をおけば、あらたまった感じ。

縁高に入れた料理は、数の子、えびのうま煮、昆布巻き、黒豆、スモークサーモンの大根巻き、だて巻き、ゆず釜に入った紅白なます。

折り箱に盛り分けて

2日目以降、おせち料理は晩酌のアテとしても活躍します。あえて折り箱に入れるとちょっと楽しく、晩酌セットのような趣。折り箱は薄い板を折り曲げて作られた木箱のことで、すしを詰めればすし折り、お菓子を詰めれば菓子折りとなります。これは約15㎝四方の、白木の小さい3段重。松葉をバラして底に敷き詰め、おせちを5品盛り込みました。

折り箱に入れた料理は、鯛と貝割れ菜の昆布じめ、百合根の茶巾、黒豆、岩石卵、スモークサーモンの大根巻き。

お弁当にして

以前、元旦早々に海外に発つ予定が入り、そのとき、飛行機の中で食べる用にと持っていったのが、おせち弁当でした。漆のお弁当箱に詰まったおせちは、お重のおせちとはまた違ったワクワク感があり、スペシャルな気分。自分が旅行用に持っていくだけでなく、一人暮らしの親や帰郷しない友人にも持っていってあげたいものですね。ポイントは、持ち運んでもいいようにきっちりと詰めること。

お弁当箱に入れた料理は、定番のおせち18品（お弁当箱に入るだけ）。

大鉢や深鉢で

お煮しめは煮汁も一緒に楽しみたいので、大鉢に煮汁ごとたっぷり盛って、お重とは別に供します。また、牛肉のしょうゆ煮も、大ぶりの牛肉としいたけを思う存分食べてもらいたいから、深鉢に。黒豆はお重にも詰めますが、煮汁がとてもおいしいので、深鉢に煮汁ごと入れてテーブルへ。

お煮しめを入れたのは直径約30㎝の大鉢。お正月は漆の器が多くなるので、色や質感を変えたいと思い、織部の大鉢を選びました。素材の色が映えます。

大鉢や深鉢で

牛肉のしょうゆ煮を盛ったのは、直径約28cmの輪花《りんか》の深鉢。輪花とは花びらのような輪郭の皿や鉢のこと。花びらが弧を描いているので、器面全体に動きが出て、ちょっと優美で華やか。牛肉としいたけがおいしそうです。

黒豆が映えるのは、なんと言っても朱色。ここでは直径約15㎝の漆の深鉢に煮汁ごと盛り、つくばねの実(72ページ参照)をアクセントに飾ります。スプーンを添える場合は、黒豆を傷つけないように木製のものがおすすめです。

column

揚げかまぼこで、酒の肴とご飯

紅白の板かまぼこは、その形が日の出に似ていることからおめでたい食材と言われ、紅は「魔除け」、白は「清浄」の意味もあり、お正月に重宝されてきました。口直しに添えることがほとんどですが、それでも中途半端に残ってしまいがち。そんなときは油できつね色に揚げて、酒の肴とご飯を作ります。かまぼこはしっかりと味がついているので、調味料は最小限、誰も残りものだと気づかずに、きれいになくなってしまいます。

ごくごく薄く切って
カリッと揚げたかまぼこ、
長ねぎの組み合わせが最高

揚げかまぼこと長ねぎのおつまみ

材料（2人分）

揚げかまぼこ
- かまぼこ　½板
- 揚げ油　適量

白髪ねぎ
- 長ねぎ　½本

しょうゆ　適量

1 白髪ねぎを作る。長ねぎは5cm長さに切り、縦に切り込みを入れて芯を除き、繊維に沿って細いせん切りにする。氷水に放して少しおき、シャキッとしたら水気をきる。

2 かまぼこはごくごく薄く切る。揚げ油を中温に熱し、かまぼこを入れて緑がカリッとするまで揚げる。

3 ボウルに②を入れ、熱いうちにしょうゆをたらして味をからめ、白髪ねぎを加えて混ぜる。

シンプルながらごちそう感があり、
みんなに好評。
しめのご飯におすすめ

揚げかまぼこの混ぜずし

材料（作りやすい分量）

揚げかまぼこ
- かまぼこ　½板
- 揚げ油　適量

三つ葉のざく切り　適量
すしめし＊　適量

＊すしめし……米3合をといですしめし用の水加減で炊く。米酢½カップ弱、メープルシロップ大さじ2、塩小さじ⅔を混ぜてすし酢を作る。ご飯が炊き上がったら飯台に移し、すし酢を回しかけ、切るように混ぜて粗熱を取る。

1 揚げかまぼこを作る。かまぼこはあられ切りにし、中温の揚げ油で香ばしく揚げる。

2 ボウルにすしめしを入れ、①を加えて混ぜ合わせ、三つ葉を加えて混ぜる。実山椒のつくだ煮やしょうがの甘酢漬けがあったら入れても。

お雑煮とお餅

お餅は古くから農耕民族である日本人にとって、お祝い事やハレの日にいただく食べもの。新しい年の初めも、おせちとお雑煮で始まります。元旦にはやはり、家族そろって「お雑煮」を楽しみたいものですね。

以前はお餅といえばもち米で作った白いお餅と決まっていましたが、最近は玄米で作った玄米餅も、我が家の定番。玄米餅は白いお餅ほど膨らんだり伸びたりしませんが、香りがあって素朴な味わい。網で焼くと香ばしく、白いお餅とはまた違ったおいしさです。どちらをお雑煮に入れるかは、お好みで。

また、三が日はもちろん、お正月が過ぎた頃の楽しみに、焼き餅があります。こちらも、白いお餅と玄米餅、どちらを焼こうか迷うところ。かく言う我が家では、どちらも焼いたはしから売り切れです。

お雑煮

我が家のお雑煮は、だしの風味であっさりいただく関東風。具は野菜と鶏肉がスタンダードですが、たまには趣向を変えて鴨肉を使うことも。鶏肉なら網焼き、鴨肉ならフライパン焼き。皮面をカリッと焼いた鴨肉は香ばしくてやわらかく、うまみたっぷりです。そして、お餅は、鶏肉なら白いお餅、鴨肉なら玄米餅と決まっています。

　大晦日に具の準備をしてキットにしておくと、元日の朝はさっと煮て、焼きたてのお餅を入れて完成。ゆったりとお正月を迎えられます。

材料（4人分）
- 合鴨胸肉　1枚
- 大根　4〜5cm
- にんじん　4cm
- しいたけ　4個
- せり（または三つ葉）　1束
- かまぼこ　1/3板
- ゆずの皮　適量
- 切り餅（玄米餅または白餅）　4切れ
- だし汁　5カップ
- しょうゆ　適量
- 塩　適量

1 鴨肉は皮目をフォークなどで刺し、塩少々をふる。刺してから焼くと脂が溶け出しやすく、香ばしく焼き上がる。

2 フライパンを熱して鴨肉の皮目を下にして入れ、弱めの中火で脂をペーパータオルで拭きながらこんがりと焼く。皮がパリッとしたら裏返し、さらに8分ほど焼く。網の上にのせて冷めるまでおく。

3 大根は6〜7㎜厚さの輪切りにし、羽子板型で抜く。にんじんも5㎜厚さの輪切りにし、梅型で抜く。それぞれ塩少々を加えた湯でゆでる。

4 しいたけは軸を切り落とし、十字に切り目を入れる。

5 せりは飾り用に葉先を適量切り分け、塩少々を加えた湯でゆで、氷水に取り、水気を絞って食べやすい長さに切る。切り分けた葉先も氷水に取ってシャキッとさせる。

6 かまぼこは5㎜厚さ（飾り切り・日の出）に切る。

7 ②の鴨肉が冷めたら薄切りにする。皮目を上にすると切りやすい。

8 保存容器に③〜⑦の具材を並べて入れ、冷蔵庫へ。

9 ゆずの皮は少し大きめにへいだものを4枚用意。飾り用のせりは水気を拭く。

10 切り餅はよく熱した網で、焼き色がつくまで焼く。

11 鍋にだし汁を入れて温め、しょうゆを香りづけ程度にたらし、塩で味を調える。⑧のしいたけを入れて少し煮、鴨肉を加えて少し温め、ほかの具材を入れて温める。

12 お椀にせりを敷き、切り餅とほかの具材を入れ、だし汁を注ぎ、へぎゆずとせりを飾る。

元旦に餅を焼いて、お雑煮を仕上げる

焼き餅

炭をおこして焼き網をのせ、お餅を並べ、ゆっくりゆっくり膨らんでくるのを待ったり、焼けてくる香りにワクワクしたり。ぷくーっと膨らんで表面が割れてきたら、もう食べ頃。海苔を巻いた磯部巻きはもちろん、甘辛のメープルじょうゆ、クルミみそ、おろし納豆も我が家の定番です。

メープルじょうゆ

1 餅を焼いたら器にのせ、しょうゆとメープルシロップをかける。しょうゆとメープルシロップの割合は好みでOK。砂糖を使うよりすっきりとした甘さ。

クルミみそ

1 クルミは殻を割って実を取り出し、仕上げ用に少し残してフードプロセッサーで攪拌して細かくする。ボウルに入れてみそと混ぜ合わせ、メープルシロップで少しのばす。割合は好みで。

2 餅を焼いたら湯にくぐらせ、①のクルミみそをからめて器に盛る。残しておいたクルミをのせる。

おろし納豆

1 大根はすりおろす。納豆はしょうゆで味つけする。

2 餅を焼いたら器にのせ、大根おろしと納豆をかける。このふたつを一緒に使うのがポイント。

ぜんざい

あずきの薄甘煮に香ばしい焼き餅を組み合わせて、ぜんざいにします。薄甘煮は、すっきりとした甘さでクセのない氷砂糖と和三盆糖で仕上げますが、氷砂糖は純度が高くて溶けるのが遅いので、コトコトと煮るとあずきにゆっくりと味が入っておいしくなります。甘さは氷砂糖で調整可能。みんなが喜ぶ寒い日のおやつです。

　私がよく使っているあずきは、兵庫県・丹波篠山産の大納言あずき。粒が大きくて色つやがよく、煮くずれしにくく、なによりあずきの香りがすばらしく、皮が薄くて口当たりもいいです。

材料（作りやすい分量）

あずきの薄甘煮

＝あずき（ゆでたもの＊）　3カップ

あずきのゆで汁　適量

氷砂糖　130g

＝和三盆糖　30g

切り餅　適量

1 鍋に氷砂糖と和三盆糖を入れ、汁気をきったあずき、かぶるくらいのゆで汁を加えて火にかける。20分ほどコトコトと煮る。氷砂糖が溶けたら火を止める。

2 切り餅は6等分に切り、焼き網で香ばしく焼く。

3 器にあずきの薄甘煮を入れ、焼き餅を加える。

＊あずきのゆで方

1 あずき1袋をボウルに入れ、たっぷりの水を注ぎ入れ（あずき300gに対して水1300mℓが目安）、室温（夏は冷蔵庫）でひと晩おく。

2 水を取り替えて鍋に移し、中火にかけ、煮立ったら、ザルに上げてゆで汁を捨てる（渋切り）。渋切りを同様にあと2回行う。

3 鍋にあずきを戻し、たっぷりかぶるくらいの水を注いで中火にかけ、煮立ったら弱火にし、あずきがゆで汁から出ないように差し水をしながら、静かにゆでる。やわらかくなるまで、豆により30分～2時間の幅がある。

4 ゆで汁ごと冷ます。

おせちで甘味

おせち料理として用意する「あんずの甘煮」「栗きんとん」「黒豆」。三が日が過ぎても残ってしまったとき、ふと思いついたのが和風デザート。どれも砂糖を入れてほどよい甘さに仕上げているので、おいしい組み合わせを考えるだけで、普段のおやつになります。

特に私はあんずが大好きなので、あんずの甘煮を大量に仕込みます。寒天や白玉、わらび餅と合わせて和風の甘味にしたり、バターケーキ生地に焼き込んであんずケーキを作ったり……と、使い道はいろいろ。黒豆も、生クリームと合わせてシャンテリーにしたり、蒸しパンの生地に混ぜて蒸しケーキにします。

おせちの中の一品だったことも忘れて、あっという間に食べきってしまいます。ちょっと甘いものが欲しいお茶の時間にどうぞ。

あんずみつ豆

あんずが大好き。だから、みつ豆を家でいただくときは、近所にある寒天屋さんのみつ豆と組み合わせて、思う存分あんずを楽しみます。

材料（作りやすい分量）
あんずの甘煮（24ページ参照）　適量
あんずの甘煮のシロップ　適量
みつ豆（さいの目に切った寒天、赤えんどう豆）　適量

1 あんずの甘煮、みつ豆を器に入れ、あんずの甘煮のシロップを注ぐ。好みでメープルシロップをかけても。

あんず白玉

あんずの甘煮と白玉は昔からおなじみのシンプルでおいしい組み合わせ。ここでは、おせちの黒豆を加えてアクセントにします。

材料（作りやすい分量）

白玉
- 白玉粉　100g
- 水　適量

あんずの甘煮（24ページ参照）　適量
あんずの甘煮のシロップ　適量
黒豆（26ページ参照）　適量

1 白玉を作る。ボウルに白玉粉を入れ、水を少しずつ加えて手でこね、耳たぶくらいのかたさに練り、ラップに包んで10〜20分休ませる。これでよりなめらかな食感に。

2 ちぎって手のひらで転がして丸め、あんずと同じくらいの大きさにして真ん中をくぼませる。バットなどに間隔をあけて並べていく。

3 鍋にたっぷりの湯を沸かし、②を適量ずつ入れてゆでる。浮いてきてからさらに1分ゆで、すぐ氷水に取って冷やす。

4 水気をきって器に入れ、あんずの甘煮と黒豆を入れ、あんずの甘煮のシロップを注ぐ。

あんずケーキ

しっとりとやわらかく、風味のあるバターケーキに、あんずの甘煮をたっぷり入れた、お気に入りのお菓子。生地とあんずを2段に重ねるのがポイントです。鉄のフライパンを型代わりに使います。

材料（直径18㎝のフライパン1台分）

あんずの甘煮（24ページ参照）　25個くらい
小麦粉（薄力粉）　100g
ベーキングパウダー　小さじ$2/3$
バター（食塩不使用）　80〜100g
グラニュー糖　70g
塩　ひとつまみ
卵黄　2個分
グランマルニエ　大さじ2
メレンゲ
　卵白　2個分
　グラニュー糖　少々

下準備

・小麦粉とベーキングパウダーは合わせてふるう。
・バターは室温に戻す。
・フライパン（オーブン可能）の底に丸く切ったオーブンシートを敷く。
・オーブンを170〜175℃に予熱する。

1 メレンゲを作る。ボウルに卵白を入れてハンドミキサーで泡立て、グラニュー糖を2〜3回に分けて加え、角が立つまでしっかり泡立てる。

2 別のボウルにバターを入れてハンドミキサーで混ぜてクリーム状にし、グラニュー糖と塩を2回に分けて加え、その都度白っぽくなるまでよく混ぜる。

3 卵黄を1個ずつ加え、その都度ハンドミキサーでよく混ぜ、好みでグランマルニエを加えて混ぜる。

4 ふるった粉類の$1/4$量をさらにふるいながら加えて混ぜ、メレンゲの$1/4$量を加えてゴムベラでさっくりと混ぜ合わせる。同様にして交互に2〜3回に分けて加え、その都度ゴムベラで折り込んで混ぜ合わせる。

5 ④の半量をフライパンに入れてならし、あんずの甘煮の半量をのせ、残りの④、残りのあんずの甘煮の順にのせる。

6 175℃のオーブンで35分ほど焼く。竹串を刺してみて、何もつかなければ焼き上がり。フライパンから出して網の上にのせて冷まし、食べるときに切り分ける。

きんとんクリームサンド

栗きんとんに生クリームを加えてマロンクリームを作り、サンドイッチに仕立てます。栗きんとんが甘いので、生クリームには砂糖は入れません。

材料（作りやすい分量）

栗きんとん（28ページ参照）　適量
生クリーム　適量
サンドイッチ用食パン（耳なし）　12枚

1 生クリームはボウルに入れ、ハンドミキサーで泡立てて8分立てにする。

2 栗きんとんを別のボウルに入れて栗をざっとつぶし、①のクリームを加えて混ぜる。栗きんとんと生クリームの割合は2対1くらい。

3 食パンを2枚1組にし、②をたっぷりのせてはさむ。

4 手で軽く押さえて落ち着かせ、食べやすい大きさに切り分ける。

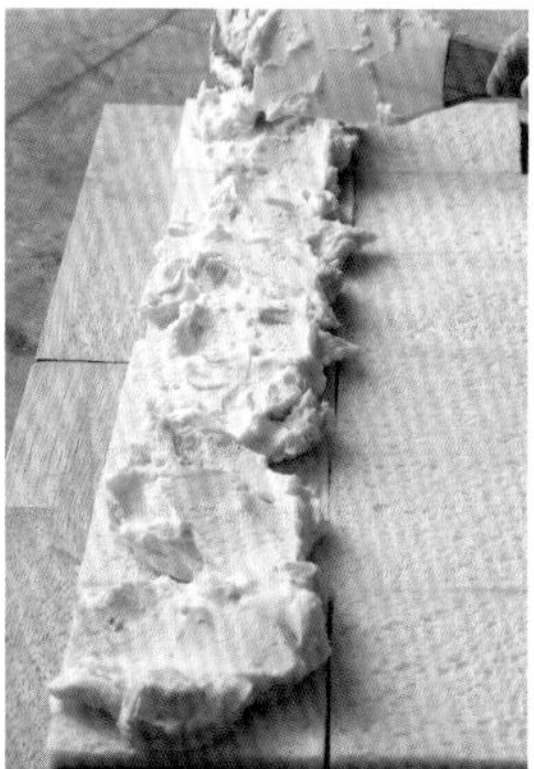

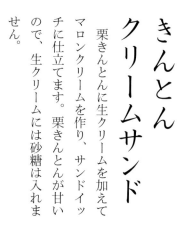

黒豆シャンテリー

黒豆と生クリームで作る黒豆クリームは、ふわっとした食感でリッチな味わい。おせちの煮豆や和菓子とはまた違ったおいしさが楽しめます。

材料（作りやすい分量）

黒豆（26ページ参照）　適量

生クリーム　適量

1 生クリームはボウルに入れ、ハンドミキサーで泡立てて6分立てにする。

2 フードプロセッサーに黒豆を入れ、攪拌してペースト状にし、①の生クリームを少しずつ足して攪拌し、ふんわりとなめらかにする。

3 残った生クリームは8分立てにする。

4 器に黒豆クリームと③の生クリームを交互に盛り、黒豆を飾る。

黒豆蒸しケーキ

黒豆を入れて蒸し上げた、日本茶にも紅茶にも合う、やさしい味のお菓子です。寒い日に湯気の立った蒸したてをいただくのは格別ですが、冷めてもふっくら、もっちりなので、次の日でもおいしくいただけます。

材料（20×24・9×高さ4.3cmのバット1台分）

黒豆（26ページ参照）　1カップ弱
小麦粉（薄力粉）　100g
ベーキングパウダー　小さじ1
卵　3個
グラニュー糖　80g
バター（食塩不使用）　80〜100g

下準備

・小麦粉とベーキングパウダーは合わせてふるう。
・バターは大きめのボウルに入れて湯煎で溶かす。
・オーブンを170〜175℃に予熱する。
・バットにオーブンシートを敷き、同じサイズのバットを重ねてのせ、しばらくおく。オーブンシートがバットの形に落ち着いたら、上のバットをはずす。

1 黒豆は汁気をきってボウルに入れ、ふるっておいた粉類を少量加えてまぶしておく。

2 別のボウルに卵を割り入れてハンドミキサーでよく混ぜ、グラニュー糖を少しずつ加えながら、さらに4〜5分混ぜて泡立てる。

3 ふるっておいた粉類を3回に分けてふるいながら加え、その都度、泡立て器ですくっては落とす、を繰り返してさっくりと混ぜる。

4 ③の適量を溶かしバターに加えて泡立て器でよく混ぜ、③のボウルに戻し入れ、泡立て器で混ぜ合わせる。

5 ①の黒豆の半量を加えてゴムベラでさっくりと混ぜる。

6 オーブンシートを敷いたバットに流し入れ、ならし、残りの黒豆を散らす。蒸気の立った蒸し器に入れ、20分ほど蒸す。

7 真ん中に水でぬらした竹串を刺してみて、生の生地がついてこなければ蒸し上がり。オーブンシートごとバットから取り出し、粗熱が取れたらオーブンシートを除いて裏返し、食べやすい大きさに切り分ける。

おせちのあとのお楽しみ

お正月のおもてなしは、やはり、おせちに始まります。おせちはお酒と合うものが多く、「まずは乾杯！」のときの前菜に最適。すでに作ってあるわけだから、「すぐにお出しできるおつまみ」として、数品を器に盛り合わせればいいだけです。どの料理を盛るかは、その日のメニューとのバランスで決めるといいですね。

凝った料理は必要ないですが、お正月ならではの雰囲気や華やかさは出したいところ。和食、イタリアン、中華などジャンルを決め、それぞれ、温かい料理と冷めてもおいしい料理の組み合わせを考えます。皿数が多い必要はなく、それよりは、おいしくて満足感のある料理をお出しすることが大切です。

おせちのあとのお楽しみ［1］

和食でおもてなし

おせち3種盛り

menu

おせち3種盛り

昆布巻き（44ページ参照）
栗きんとん（28ページ参照）
田作り（22ページ参照）

ゆず釜蒸し

牛たたきのひと口にぎり

1皿目にお出しするおせちは、酒肴という位置づけ。どの料理を盛り合わせてもいいですが、3種か5種。なぜなら、日本では縁起がよい数字は奇数。古くからある陰陽道では奇数は「陽」で吉、偶数は「陰」で凶とされているからです。

2皿目は温かい料理。ここでは、ゆず釜蒸し。金目鯛や鯛といった白身魚を、ひと足早く春の山菜と組み合わせ、ゆずの器に詰めて蒸し上げます。ほわっと立ち込めるゆずの香りが最高の演出。寒い季節だからこそのごちそうです。

3皿目は見た目華やかなひと口にぎり。海の幸が多いお正月には、肉料理も兼ねたこんな料理が喜ばれます。日本酒をいただきながらつまめる、小さめサイズに仕立てます。

ゆず釜蒸し（作り方は116ページ）

牛たたきのひと口にぎり
(作り方は117ページ)

ゆず釜蒸し

白身魚は、金目鯛を使うと黄ゆずとの色のコントラストがきれい。こごみを添えると春の気配も感じます。ゆずの果汁としょうゆを合わせたポン酢じょうゆでいただきます。

材料（4～5個分）

ゆず　4～5個
金目鯛　2切れ
粗塩　少々
酒　少々
しめじ　½パック
こごみ　適量
ポン酢じょうゆ
＝ゆずの果汁　適量
　しょうゆ　適量

1 ゆずはふたになる部分を横に切り取り、中身をくり抜く。中身は果汁を搾り、しょうゆと混ぜ合わせてポン酢じょうゆにする。

2 金目鯛は4等分に切る。バットに粗塩をふり、その上に金目鯛を皮目を上にしてのせ、酒をかけて少しおく。

3 しめじは石づきを取ってほぐす。

4 こごみは茎の根元の茶色い部分を切り落とし、洗って水気をきる。塩少々（分量外）を加えた熱湯でゆでる。

5 ①のゆずに金目鯛、しめじを入れ、蒸気の立った蒸し器で5分ほど蒸して火を通す。

6 こごみを添えて器に盛り、ポン酢じょうゆをかけていただく。

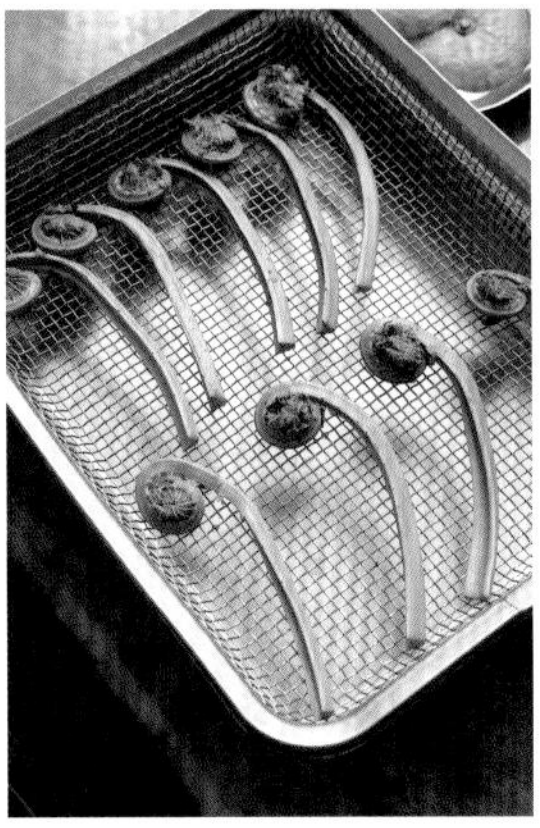

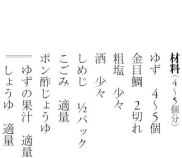

牛たたきのひと口にぎり

フライパンで焼いて、余熱でゆっくり火を通して仕上げる牛たたきが主役。貝割れ菜や芽ねぎを一緒に巻いて、おろしわさびをのせて華やかに仕上げます。

材料(作りやすい分量)

牛たたき
- 牛かたまり肉(ローストビーフ用)　600g
- オリーブオイル　少々

たれ
- 牛たたきの焼き汁　適量
- しょうゆ　適量

貝割れ菜　2パック
芽ねぎ　2パック
ご飯　適量
わさびのすりおろし　適量

1 牛たたきを作る。フライパンを熱してオリーブオイルをなじませ、牛肉を入れ、ときどき返しながら8分ほど焼く。表面全体にしっかりと焼き色をつけ、金串を中心に刺して2〜3秒おき、唇に当ててほんのり温かければ、熱いうちに厚手のアルミホイルで包み(薄いものを使うときは2〜3重にする)、完全に冷めるまでおく。

2 牛肉をアルミホイルから取り出し、ごく薄切りにし、バットに並べてしばらくおく。切り口が空気にふれると赤みが立ってくる。

3 フライパンとアルミホイルの中に残った焼き汁にしょうゆを加えて煮立て、少し煮詰める。冷ましてたれにする。

4 貝割れ菜と芽ねぎは冷水に放してシャキッとさせ、それぞれ根を切り落とし、ペーパータオルの上において水気を取る。

5 手に水をつけ、ご飯を25gずつ細長い形ににぎる。貝割れ菜または芽ねぎを適量のせ、牛たたき1枚をのせて巻いて形を整える。

6 わさびのすりおろしをのせ、器に並べて盛る。たれを添える。

●おせちのあとのお楽しみ［2］

イタリアンでおもてなし

おせちのひと皿

menu
おせちのひと皿
だて巻き（42ページ参照）
スモークサーモンの大根巻き（58ページ参照）
岩石卵（50ページ参照）
チーズリゾット
まぐろのカルパッチョ

アンティパスト代わりにお出しするのは、おせち数品。和食だからといって和食器を使う必要もなく、白い洋食器に人数分を盛り合わせれば趣向が変わり、ワインのおつまみとしてのひと皿になります。

2皿目＝プリモピアットはパスタやリゾット。ここではパルメザンチーズと生クリームで仕上げる、クリーミーな味わいのリゾットをチョイス。お米にスープを煮含ませて作るので、スープの味でおいしさが決まります。自分でとった鶏ガラスープを使うのが1番ですね。

3皿目はちょっと贅沢に、まぐろの赤身を使った料理。和食であればわさびじょうゆでいただいたり、づけにしますが、イタリアンのときはケイパーソースをかけてカルパッチョにして楽しみます。

チーズリゾット（作り方は120ページ）

まぐろのカルパッチョ（作り方は１２１ページ）

チーズリゾット

そろそろ洋食が恋しい、そんなときにお出しすると喜ばれるのがリゾット。パルメザンチーズはかたまりのものをその場ですりおろすと、ぐっと香りがよくなります。

材料（作りやすい分量）

米　1カップ
玉ねぎ　¼個
オリーブオイル、バター　各適量
白ワイン　1カップ
鶏スープ＊　3カップ
塩　適量
パルミジャーノ・レッジャーノ　適量
生クリーム　⅔カップ

＊鶏スープ……鶏ガラ2羽分、ささ身4本、にんじん1本、半分に切ったセロリ1本分、イタリアンパセリ適量を鍋に入れ、かぶるくらいの水を加えて火にかける。煮立ったらアクを取って弱火にし、おいしいと思うくらいまで煮詰め、漉す。

1
米は洗って水気をきる。玉ねぎはみじん切りにする。パルミジャーノはすりおろし、½～⅔カップ用意する。

2
鍋にオリーブオイルとバター、玉ねぎを入れて弱火で炒め、玉ねぎが透き通ってきたら、米を加えて炒め合わせる。白ワインを加え、中火でときどき混ぜながら水分を飛ばす。

3
汁気が少なくなったら鶏スープ1カップを加え、ときどき混ぜながら煮る。日本米はぐるぐるかき混ぜると粘りが出るので、焦げないように底を混ぜるだけにする。

4
再び汁気が少なくなったら鶏スープ1カップを加え、塩で味つけし、ときどき混ぜながら煮る。

5
再び汁気が少なくなったら鶏スープ1カップを加え、ふたをして弱火で10分ほど煮る。食べてみて、少し芯が残る程度に煮上げる。

6
①のパルミジャーノと生クリームを加えて混ぜる。ゴムベラですくって、だれないかたさに仕上げる。

7
器に盛り、さらにパルミジャーノをすりおろす。

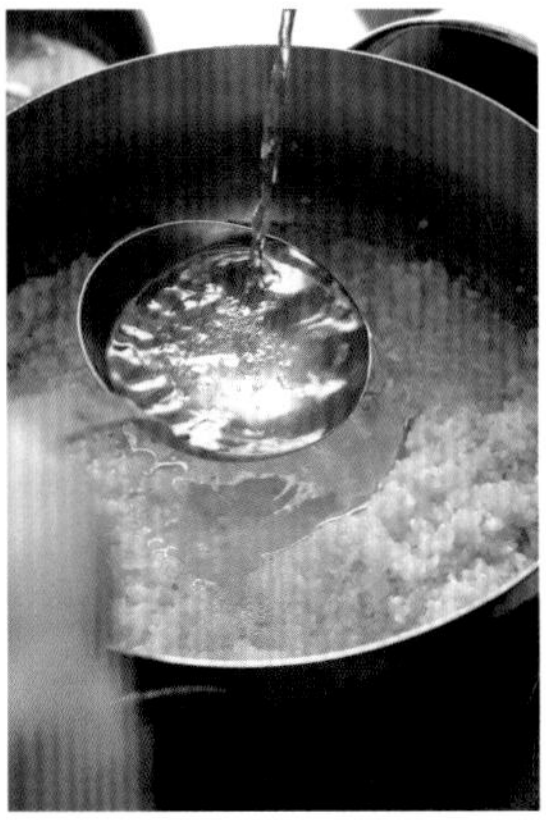

まぐろのカルパッチョ

ケイパーソースとレモン、たっぷりのセルバチコとともにいただく、イタリアンスタイル。冷えた白ワインによく合います。

材料（作りやすい分量）

まぐろ赤身　2さく

ケイパーソース

- ケイパー（塩漬けのものを塩抜きしたもの＊）　大さじ4
- にんにく　1片
- イタリアンパセリ　たっぷり
- オリーブオイル　大さじ6

オリーブオイル　適量

レモン　1個

セルバチコまたはルッコラ　適量

＊ケイパーの塩抜き……塩漬けケイパーを水につけ、塩分がほどよく残る程度に塩抜きして絞る。

1 まぐろは薄切りにし、バットなどに並べ、使うまで冷蔵庫に入れる。

2 ケイパーソースを作る。ケイパーは刻み、にんにく、イタリアンパセリはみじん切りにする。ボウルにすべての材料を入れて混ぜ合わせる。

3 セルバチコは冷水に放してシャキッとさせ、水気を拭いて食べやすい大きさに切る。レモンはくし形に切る。

4 器にまぐろを並べて盛り、ケイパーソースをたっぷりとのせ、オリーブオイルをかけ、レモンを添える。セルバチコは別器に入れて添える。

5 各自の器に取り分け、セルバチコと一緒にいただく。

中華でおもてなし

おせち盛り合わせ

menu

おせち盛り合わせ

黒豆（26ページ参照）
如意巻き（48ページ参照）
数の子（18ページ参照）
紅白なます（20ページ参照）
のし鶏（46ページ参照）

五目スープ

かに春雨

1皿目のおせちは5品盛り。ひき肉を使った如意巻き、のし鶏を中心に、味と食感の違う黒豆、数の子、紅白なますを取り合わせ、彩り華やかに仕上げます。中華を楽しむときのお酒はビールや紹興酒もいいですが、私がいつも用意するのはシェリー酒。特に、長く熟成させているものはとてもまろやかで、口当たりがいいのが特徴。常温でいただきます。

2皿目は鶏ガラスープをベースにした具だくさんのスープ。とろみをつけたスープは時間が経っても冷めにくいので、寒い日にぴったりです。好みで米酢や粗びき黒こしょうを加えて酸辣湯《サンラータン》にしてもいいですね。

3皿目は、かにをたっぷり使った、ちょっと贅沢な春雨炒め。かにの味とうまみをしみ込ませた春雨がなんとも言えぬおいしさで、みんなの顔が華やぎます。これだけで立派な主食になり、ご飯や麺がなくても大満足です。

五目スープ（作り方は124ページ）

かに春雨（作り方は125ページ）

五目スープ

豚肉とザーサイ、数種類の野菜が入った、コクのあるスープ。具材はすべて細切りに切りそろえると、食べたときにいろいろな味が口の中に入り、五目スープならではのおいしさが楽しめます。

材料（作りやすい分量）

豚薄切り肉（バラ、肩ロース）　合わせて200g
たけのこ（ゆでたもの＊）　小2本
干ししいたけ（戻したもの＊＊）　5〜6個
長ねぎ　1本
しょうが　大1片
セロリ　½本
セロリの葉　適量
ザーサイ（かたまり）　½個
太白ごま油　大さじ3
しょうゆ　大さじ1
鶏ガラスープ＊＊＊、しいたけの戻し汁　合わせて5カップ
塩、こしょう　各適量
水溶き片栗粉　適量

＊たけのこは穂先を斜めに切り落とし、中身を傷つけないようにして縦に深く1本切り込みを入れる。鍋に入れ、かぶるくらいの水、赤唐辛子1〜2本、米糠1カップを加えてよく混ぜて火にかけ、落としぶたをし、煮立ったら中火弱にし、3時間ほどゆでる。先の細い箸を刺して、すーっと通ったらOK。火を止めてそのままひと晩おく。翌日、洗って絹皮を残して皮をむき、割り箸など角のある箸でこすってきれいにする。

＊＊干ししいたけはボウルに入れ、たっぷりの水を加えて落としぶたをし、冷蔵庫に1〜2日おいてかたい部分がなくなるまで十分戻す。戻し汁は取っておく。

＊＊＊鶏ガラスープ……鶏ガラ2羽分、にんじんの皮1本分、干ししいたけの軸5〜6個分、セロリの細い茎と葉1本分、長ねぎのぶつ切りと青い部分½本分、しょうがの皮適量を鍋に入れ、かぶるくらいの水を加えて火にかける。煮立ったらアクを取って弱火にし、おいしいと思うくらいまで煮詰め、漉す。

1 豚肉は細切りにする。たけのこは細切りにし、穂先は薄切りにする。干ししいたけは軸を取って薄切りにし、長ねぎ、しょうが、セロリは細切りにする。セロリの葉はせん切りにする。ザーサイは水につけ、塩分がほどよく残る程度に塩抜きし、細切りにする。

2 中華鍋に太白ごま油を熱してしょうがを炒め、香りが立ったら豚肉を入れ、脂が出てくるまでしっかりと炒める。

3 しょうゆを加えて味をからめ、しいたけ、たけのこの順に加えて炒め合わせる。鶏ガラスープを注ぎ入れ、塩、こしょうをして少し煮る。

4 セロリ、長ねぎ、ザーサイを加え、水溶き片栗粉を回し入れてとろみをつける。

5 器に注ぎ入れ、セロリの葉を散らす。

かに春雨

春雨は湯につけるとやわらかくなりすぎるので、水でかために戻します。そのあとスープを加えて味を含ませながら炒めるので、最終的にはちょうどよいかたさに仕上がります。

材料（作りやすい分量）

緑豆春雨　1袋（300g）
かにの足（ゆでて殻を取ったもの）　20本
にんにく　大2片
しょうが　大2片
長ねぎ　1本
香菜　適量
太白ごま油　大さじ3
鶏ガラスープ（右ページ参照）　1½カップ
ナンプラー　適量
粗びき黒こしょう　適量

1 春雨は水に30分ほどつけて戻す。水気をよくきり、キッチンバサミで食べやすい長さに切る。

2 かには大きめにほぐす。にんにく、しょうが、長ねぎ、香菜の軸はみじん切りにする。香菜の葉はざく切りにする。

3 中華鍋に太白ごま油を熱してにんにく、しょうが、長ねぎ、香菜の軸を入れ、香りが立つまでしっかりと炒め、かにを加えて炒め合わせる。

4 春雨を加えて炒め合わせ、鶏ガラスープ1カップ、ナンプラー大さじ2〜3を加え、春雨に汁を吸わせながら炒める。

5 汁気がなくなったら、さらに鶏ガラスープ½カップ、ナンプラー少々を加え、鍋底から返すようにしながら、汁気がなくなるまでよく炒める。粗びき黒こしょうを多めにふり、春雨が鍋底に張りついて焼き色がつくくらいまで炒めて仕上げる。

6 器に盛り、香菜の葉を添える。

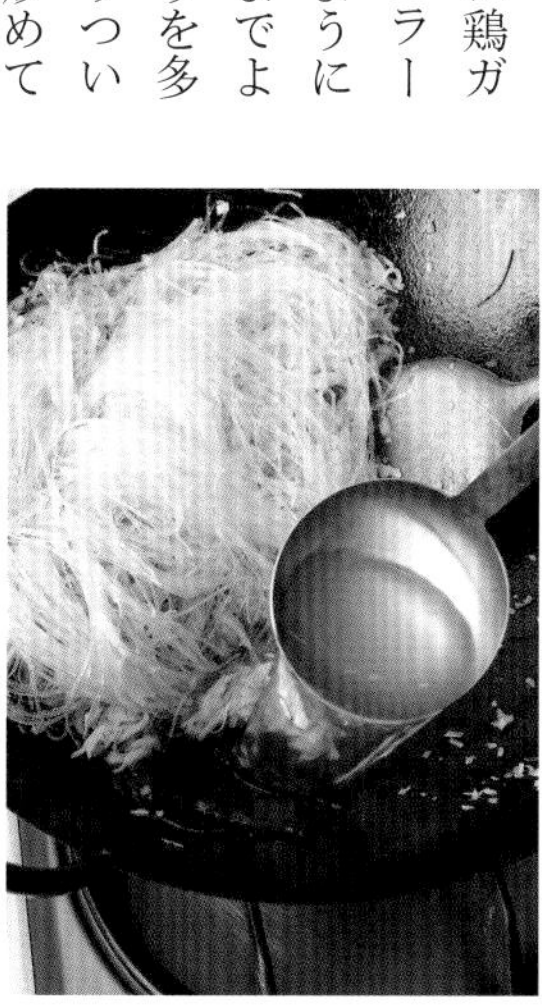

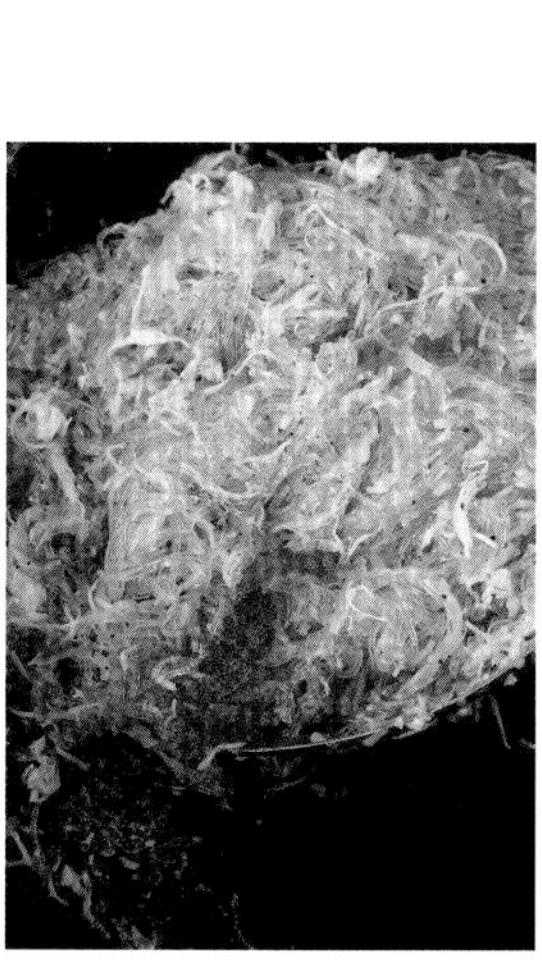

column

大晦日のかき揚げそば

年越しそばは、そばを食べて「細く長く」という験をかついでいただくものですが、我が家ではかき揚げそばが定番です。芝えびと三つ葉で作る大きなかき揚げは、おそばが見えなくなるくらいの大きめサイズ。ごま油が溶け出したつゆもおいしく、お正月の準備を終えたあとの、静かな時間の楽しみです。

かき揚げを上手に作るポイントは、衣のつけ方。ボウルに具材を入れたら小麦粉をまんべんなくまぶし、天ぷら衣を少しずつ加えて混ぜ、具材同士がまとまる程度にします。これで衣が極力少ないカリッとしたかき揚げができます。

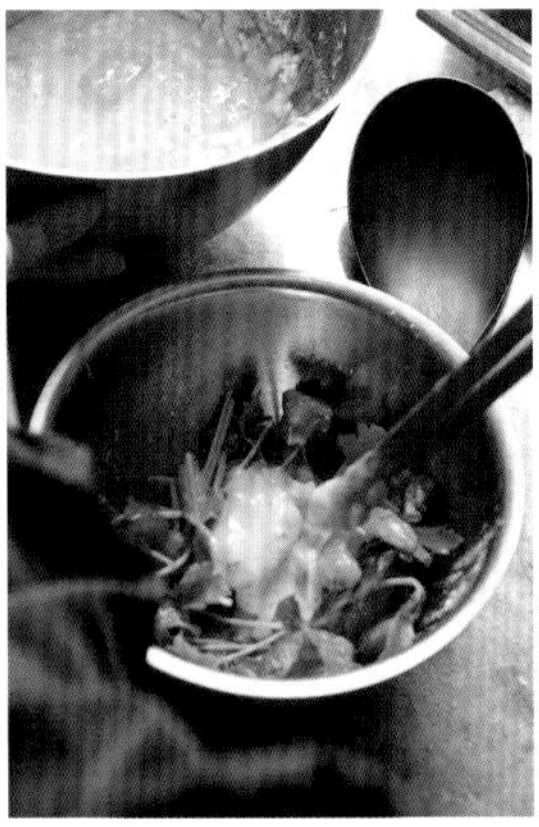

材料（4人分）

- 芝えび（無頭・殻つき） 28～32尾
- 三つ葉 2束
- 小麦粉 適量
- 衣
  - 小麦粉 ¾カップ
  - 卵 1個
  - 冷水 ½カップ
- 揚げ油（ごま油または太白ごま油） 適量
- そばつゆ（作りやすい分量）
  - 昆布 10cm
  - 削り節（厚削り） 50g
  - 煮干し 50g
  - 水 6カップ
  - みりん 250ml
  - しょうゆ 250ml
- 生そば 適量

1 そばつゆを作る。鍋に材料を入れて火にかけ、クツクツとした状態で水分が1カップほど蒸発するまで静かに煮出す。大きめのボウルにザルをのせ、ぬらして絞ったさらしをかぶせ、煮汁を注いで漉す。さらしで漉した材料を包んでそのままおき、自然に煮汁が落ちるまでおいておく。

2 えびは背ワタを取って尾と殻をむく。三つ葉は食べやすい長さに切る。

3 衣を作る。ボウルに冷水と卵を入れて混ぜ合わせ、小麦粉を加えてさっくりと混ぜる。

4 ボウルに②の¼量を入れて小麦粉をまんべんなくまぶし、衣を少しずつ加えて混ぜ、具材同士がまとまる程度にする。

5 ひとつずつ揚げる。揚げ油を中温に熱し、④を大きなスプーンと箸で静かに落とし入れる。はじめはいじらず、かたまってきたら返し、ときどき返しながらカラリと揚げる。網をのせたバットに取り、油をきる。同様にしてあと3つ揚げる。

6 そばはたっぷりの湯でゆで、冷水でよく洗ってザルに上げる。

7 器にそばを盛ってかき揚げをのせ、そばつゆをかける。つゆは濃いめなので、少なめにかけてぶっかけ風にしてもいいし、だし汁を加えて味加減してたっぷりかけてもいい。

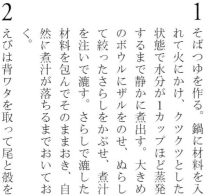

有元葉子　Yoko Arimoto

素材の持ち味を生かし、余分なものを入れない引き算の料理が人気。自分が本当によいと思える食材と調味料を使い、心と体が納得するシンプルなおいしさを追求。東京・田園調布で料理教室「COOKING CLASS」を主宰し、旬の食材を使ったコース仕立てのレッスンなどを行う。

www.arimotoyoko.com

ブックデザイン　若山嘉代子　L'espace
撮影　ローラン麻奈
スタイリング　千葉美枝子
構成・編集　松原京子
プリンティングディレクター　栗原哲朗（図書印刷）

我《わ》が家《や》のおせち【決定版《けっていばん》】

2023年10月30日　第1刷発行

著者　有元葉子《ありもとようこ》
発行者　渡辺能理夫
発行所　東京書籍株式会社
〒114-8524　東京都北区堀船2-17-1
電話　03-5390-7531（営業）
　　　03-5390-7508（編集）
印刷・製本　図書印刷株式会社

ISBN978-4-487-81653-8　C2077　NDC596